Schmuckstücke für Balkon und Garten

Schmuckstücke für Balkon und Garten

schnell und leicht selbst gemacht

Deborah Schneebeli-Morrell

Bassermann

Widmung

Für Nan Farquharson, die mir mehr geholfen hat, als sie ahnt.

Der Text dieses Buches entspricht den Regeln der neuen deutschen Rechtschreibung.

ISBN 3-8094-1103-5

Originaltitel: The Outdoor Garden Room

Fotos: Heini Schneebeli
Layout der englischen Ausgabe: David Fordham
Übersetzung: Regine Felsch, Hünstetten
Redaktion: Berliner Buchwerkstatt, Ivana Jokl
Layout der deutschen Ausgabe: Berliner Buchwerkstatt, Britta Dieterle

817 2635 4453 6271

INHALT

EINLEITUNG

Der Garten ist für uns ein Lebensraum, genauso wie unser Heim. Wir spielen dort, ruhen uns aus, arbeiten oder träumen. Für die Hobbygärtner unter uns ist der Aufenthalt im Garten wie eine Belohnung oder gar eine Therapie. Darüber hinaus regt dieser schöne Ort unsere Kreativität an, und die hilft uns, unser Leben und das unserer Freunde und Familien zu bereichern.

Die meisten Menschen lieben es, in ihrem Garten Lebensräume für kleine Vögel zu schaffen. Im Winter können die Vögel aus einem hübschen Vogelbad mit Scherbenmosaik trinken, im Sommer freuen wir uns, wenn wir sie im Wasser herumplanschen sehen; auch Futterhäuschen sind dafür ein Muss. Wird ein Garten vogelfreundlich gestaltet, können wir die Welt der Natur noch mehr genießen; denn es ist wirklich faszinierend, die unterschiedlichen gefiederten Gesellen zu identifizieren und zu beobachten. Doch sind nicht alle kleinen Gartenbesucher angenehme Gäste. Hungrige Kaninchen und nimmersatte Vögel können die Ernte eines Beets in kurzer Zeit vernichten – es muss etwas getan werden, um diese unwillkommenen Plünderer zu vertreiben. Folgen Sie dazu doch einfach einer landwirtschaftlichen Tradition und bauen Sie Vogelscheuchen. Die Anleitungen in diesem Buch zeigen Ihnen, wie Sie diese Objekte wirkungsvoll und dekorativ zugleich gestalten können.

Im Sommer kann jeder Garten, ob groß oder klein, in einen wunderschönen Wohnraum verwandelt werden. Wir alle genießen es, möglichst viel Zeit im Freien zu verbringen. So fühlen wir uns gesünder, optimistischer und geselliger; alles scheint leichter. Und gibt es einen besseren Ort für eine gemütliche Runde als einen üppigen, blühenden Garten? Gestalten Sie für unterhaltsame Nachmittags- oder Abendgesellschaften doch einen hübschen Tisch. Für besondere Gelegenheiten können Sie – lediglich aus einigen Glasbechern und etwas Draht – phantastische kleine Windlichter anfertigen oder aus Papiertüten auf ganz einfache Weise wunderhübsche Laternen basteln. Vielleicht bevorzugen Sie auch etwas „abenteuerlichere" Objekte, zum Beispiel ein schönes, robustes Gartentor. Damit lässt sich der Garten in verschiedene Bereiche unterteilen oder der Blick auf einen besonderen Punkt in der Ferne lenken – ein beliebter Trick professioneller Gartengestalter. Ein apartes Bodenmosaik im Garten zu legen ist einfach, wenn Sie bequeme Knieschoner verwenden und die Geduld haben, um all die Kiesel zu sortieren. Vielleicht inspiriert die Anleitung für das Kieselmosaik, gleich ein größeres Werk in Angriff zu nehmen, etwa einen Gartenweg oder eine Sonnenterrasse. Suchen Sie etwas Schnelles und Einfaches, können Sie schlichte Blumentöpfe mit einem attraktiven Streifenmuster verzieren.

In diesem Buch werden einfache Materialien verwendet, phantasievoll verarbeitet und so in einzigartige Gebrauchsgegenstände verwandelt. **Sie werden sehen:** Die Aufwertung Ihres Gartens durch ausgewählte Dekorationen wird Sie ebenso erfreuen und belohnen, wie es das Ausschmücken Ihrer Wohnung getan hat.

KIESEL-
MOSAIK

Oft werden Kieselsteine auf Reisen gesammelt, am Strand, am Seeufer oder im Gebirge. In ihren unterschiedlichen Farben und Formen scheint auf nahezu magische Weise der Geist des Fundortes verborgen zu sein. Kieselsteine sind in Wohnungen zu sehen, arrangiert in Schalen oder ausgebreitet auf Regal- oder Fensterbrettern, aber auch verstreut im Garten; jeder Stein trägt stumm eine Geschichte in sich. Lohnender kann ein selbst gelegtes Bodenmosaik sein, wo die kostbaren Fundstücke mit anderen, gekauften Kieseln als originelles und dauerhaftes Muster zusammenwirken.
Die Mengenangaben in rechts folgender Materialliste gelten für das hier abgebildete Mosaik und sind nicht bindend; wieviel der Materialien Sie benötigen, hängt davon ab, wie groß Ihr Bodenmosaik werden soll. Auf jeden Fall sollte das Mengenverhältnis zwischen Sand und Zement stimmig sein (siehe 3. Arbeitsschritt).

MATERIAL

Gemenge aus Lehm, Kies und Steinen
Zollstock
Harke
mittelgroße Flusskiesel, 1 Sack
kleine weiße Flusskiesel, 1 Sack
kleine braunviolette Flusskiesel, 1 Sack
violettschwarze Schiefersteine, 1 Sack
Gartenschlauch
scharfer Sand
Zement
Spaten
Reibebrett
spitzes Stöckchen (Pinselstiel oder Zweig)
kleiner Besen

Links und rechts: Dieses ansprechende Bodenmosaik ist ideal für Anfänger, da es nach einem einfachen geometrischen Muster aufgebaut ist. Es ist nicht schwierig zu erstellen – Sie brauchen lediglich etwas Geduld und Knieschoner.

DAS KIESELMOSAIK LEGEN

1 Damit ein fester Untergrund entsteht, füllen Sie den gewählten Bereich 10 cm tief mit dem Lehm-Kies-Stein-Gemenge aus. Harken Sie die Fläche glatt und treten Sie sie fest. Die darauf liegende fertige Mosaikschicht (Kiesel, Mörtel) wird ca. 6 cm dick, lassen Sie deshalb über dem Gemenge entsprechenden Raum frei.

2 Zunächst sortieren Sie die Steine. Am besten suchen Sie gleich große Exemplare heraus (manchmal bleibt nur die Hälfte der Steine übrig). Sie brauchen je einen Eimer mit großen grauen, mit kleinen weißen und mit kleinen braunvioletten Kieseln sowie nur wenige Schieferstücke. Reinigen Sie alle Steine mithilfe des Gartenschlauchs.

3 Mischen Sie Sand und Zement im Verhältnis 1:1 und verteilen Sie die Mischung 6 cm dick auf den vorbereiteten Untergrund. Glätten und festigen Sie die trockene Mörtelschicht mit dem Reibebrett.

4 Mit dem spitzen Stöckchen zeichnen Sie das gewünschte Muster in den trockenen Mörtel. Der Außenrand muss breit genug sein, damit drei Reihen der dickeren Kiesel hineinpassen. Zeichnen Sie eine Raute ins Rechteck und in die Mitte einen Kreis. Stimmen Sie dabei Ihr Muster und die Maße auf die von Ihnen verwendeten Kiesel ab.

5 Drücken Sie für den Rand drei Reihen der großen grauen Kiesel mindestens bis zur Hälfte in den trockenen Mörtel. Die Kiesel liegen in Längsrichtung auf der Seite, mit den schmalsten Seiten nach oben.

6 Zeichnen Sie einen achtstrahligen Stern in die Kreismitte und stecken Sie entlang den Strahlen die Schieferstücke in Längsrichtung in den Untergrund, wieder mit den Schmalseiten nach oben zeigend. Sie benötigen zwei bis drei dünnere Steine pro Strahl.

7 Nun füllen Sie die Zwischenräume mit kleinen weißen Kieseln aus. Wählen Sie diese sorgfältig aus, damit der Stern seine Form behält. Achten Sie darauf, dass der Kreisumriss gleichmäßig rund bleibt.

8 Umrahmen Sie das Zentralmotiv mit kleinen braunvioletten Kieseln, indem Sie diese konzentrisch außen herum in den Mörtel eindrücken. Füllen Sie auf diese Weise die Raute ganz aus. Für eine gleichmäßige Oberfläche drücken Sie die Kiesel mit dem Reibebrett an.

9 Suchen Sie vier große schwarze Kiesel aus und drücken Sie diese mit der flachen Seite nach oben jeweils in die Mitte der verbleibenden vier Dreiecke. Füllen Sie die restlichen Flächen von innen nach außen mit den weißen Kieseln aus.

10 Schließlich verteilen Sie einige Schaufeln trockenen Mörtel über dem gesamten Mosaik, um die Zwischenräume zu füllen und auszugleichen. Fegen Sie den überschüssigen Mörtel ab und entfernen Sie ihn. Danach besprühen Sie das fertige Mosaik mehrere Minuten lang mit einem feinen Nebel aus dem Gartenschlauch, bis der Mörtel in den Fugen gleichmäßig feucht ist.

Tipp: Es kann bis zu einem Monat dauern, bis der Mörtel abgebunden hat. Betreten Sie das Mosaik also nicht, bevor es nicht ganz fest ist.

Calendula

AUSSAAT-
SCHILDCHEN

Diese hübschen Schildchen aus gedrehtem Draht und Aluminiumblech sind praktisch und dekorativ zugleich. Sie sind einfach herzustellen und können auch aus gefundenem oder recyceltem Material angefertigt werden. Beim Aussäen ist es wichtig, die Saatreihen zu kennzeichnen, damit Sie wissen, wo die kleinen Pflänzchen später keimen. Dadurch wird verhindert, dass Sie aus Versehen eine andere Reihe darüber säen oder die gekeimte Saat mit Unkraut verwechseln. Die Schildchen sind groß genug, sodass sie auch später über dem Blattwerk noch gut lesbar sind.

Links und oben: Kennzeichnen Sie die verschiedenen Aussaaten unbedingt mit wasserfestem Lackstift, damit die Schrift auch wirklich jede Wetterlage übersteht.

MATERIAL

verzinkter Draht, Ø 1 mm, ca. 4 m lang
Kochlöffel
Seitenschneider
Maßband oder Lineal
gebogene Spitzzange
Karton
kräftige Schere
Stift
Aluminiumblech, 0,5 mm stark, ca. 23 x 20 cm
Schutzhandschuhe
gezacktes Kopierrädchen
wasserfester schwarzer Lackstift

DIE AUSSAATSCHILDCHEN HERSTELLEN

1 Schlingen Sie den Draht einmal um einen festen Punkt, zum Beispiel um ein Tischbein. Die beiden Enden befestigen Sie am Kochlöffel. Nun verdrillen Sie die Drähte über die gesamte Länge. Mit dem Seitenschneider schneiden Sie die am Tischbein und am Kochlöffel entstandenen Schlaufen durch.

2 Biegen Sie den gedrehten Draht von der Mitte aus zu einer Herzform und winden Sie ihn an der Kreuzungsstelle zweimal fest zusammen.

3 Von diesem Punkt aus biegen Sie die beiden Stränge symmetrisch zu einem 11 cm langen Oval. Zum Schließen der Form winden Sie den Draht fest zusammen. Während Sie den Draht an dieser Verbindungsstelle mit der Spitzzange gut festhalten, verdrillen Sie die beiden Enden in einer Länge von 25 cm.

4 Die beiden offenen Enden biegen Sie gabelartig auseinander, sodass sie in einer Breite von 5 cm parallel zueinander liegen. Die Enden sollten ca. 15 cm lang sein, den Rest schneiden Sie ab.

5 Aus dem Stück Karton schneiden Sie passend zum Drahtoval eine Schablone für das Schildchen aus, das später an den Draht geklemmt wird. Übertragen Sie die Form mit einem Stift auf das Aluminiumblech und schneiden Sie sie mit der Schere aus. Die Schutzhandschuhe verhindern, dass Sie sich an den scharfen Blechkanten verletzen.

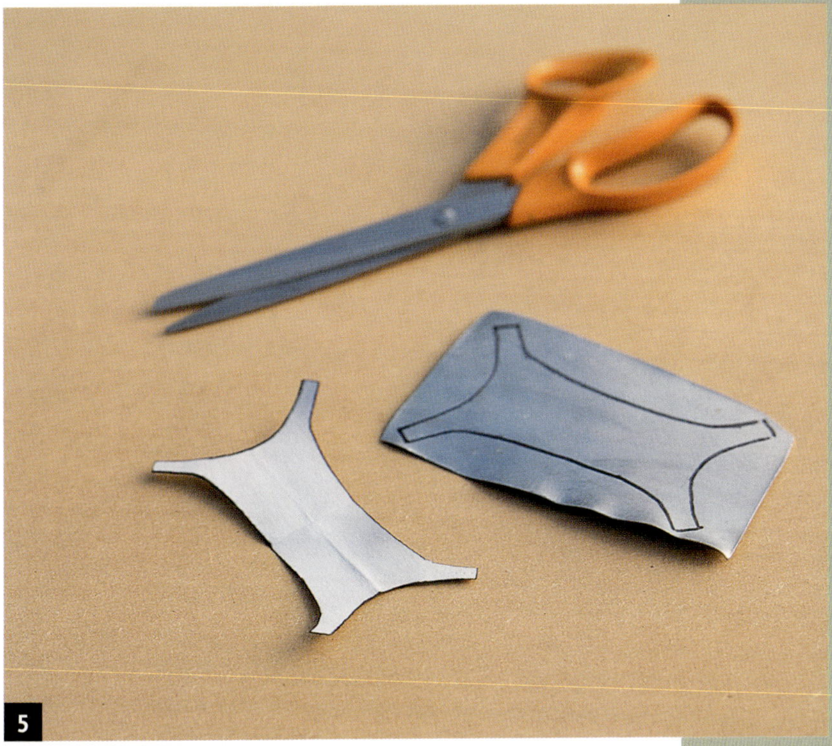

5

6

7

6 Mit dem Kopierrädchen prägen Sie entlang dem Rand eine gepunktete Dekorlinie in das Schildchen. Drücken Sie dabei ziemlich fest, damit deutliche Vertiefungen entstehen. Am besten legen Sie das Blech dazu auf eine nicht zu harte Unterlage, gut eignet sich ein Telefonbuch.

7 Legen Sie das Drahtoval auf das Schildchen. Biegen Sie dessen vier Laschen an den Ecken um den Draht und drücken Sie sie fest. Auf die andere Seite schreiben Sie mit dem wasserfesten Lackstift den Namen der Pflanze.

DRAHT-
REGAL

Gartenobjekte aus Draht waren früher weit gebräuchlicher als heute; inzwischen werden sie gern als Antiquitäten gesammelt. Meist stammen sie aus einfacher industrieller Fertigung, sie lassen sich jedoch auch leicht von Hand herstellen. Verwenden Sie ein altes Modell als Vorlage, zum Beispiel einen Eier- oder Kartoffelkorb, probieren Sie die Technik aus und arbeiten Sie das Objekt nach – es ist leichter, als Sie denken.

Das hier vorgestellte dekorative Drahtregal kann auch gut aus Drahtresten angefertigt werden. Es besteht aus Aluminium- und verzinktem Kaninchendraht und eignet sich daher gut für den Außenbereich. An der Schuppen- oder Terrassenwand aufgehängt, dient es als idealer Platz für wichtige Gartenutensilien, die immer griffbereit sein sollten, wie Scheren, Schnüre oder Gartenhandschuhe. Wie viele Gartenscheren verschwanden schon im Boden oder landeten im Kompostbehälter, wo wir sie dann ein Jahr später wiederfanden – verrostet und unbrauchbar!

Rechts: Die dekorative Schlingenreihe an den Regalkanten – die einfach mit den Fingern gebogen wird – macht aus einem Allerweltsgegenstand etwas Besonderes.

Links: Ein offenes Drahtregal ist die ideale Lösung für den eifrigen Gärtner – es hat genau die richtige Größe, um die Gartenschere oder andere kleine Gerätschaften darin aufzubewahren.

MATERIAL

Aluminiumdraht, Ø 3 mm, ca. 6 m lang
Maßband
Seitenschneider
Aktenbox, ca. 34 x 25 x 9 cm
gebogene Spitzzange
verzinkter Draht zum Binden, Ø 1 mm
verzinkter Kaninchendraht, ca. 60 x 50 cm

DAS DRAHTREGAL BAUEN

1 Schneiden Sie für den rückwärtigen Rahmen vom dicken Aluminiumdraht ein 1,5 m langes Stück mit dem Seitenschneider ab und biegen Sie es um die Aktenbox. An der oberen Schmalseite sollen zwei gleich lange Enden liegen. Biegen Sie das eine mit der Spitzzange zu einer Öse und entfernen Sie die Box. Nun befestigen Sie die Enden mit dünnem Draht aneinander; die Öse sitzt in der Mitte. Den überschüssigen Draht schneiden Sie ab.

1

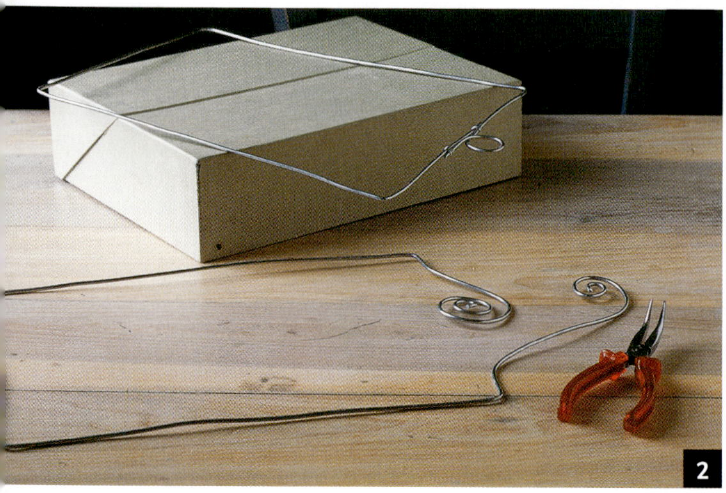

2

2 Für den vorderen Rahmen schneiden Sie 1,7 m Aludraht zu und biegen diesen ebenfalls um die Box. Wieder liegen hierbei zwei gleich lange Enden an der oberen Schmalseite. Biegen Sie diese – jeweils 2 cm von den oberen Ecken entfernt – zu einwärts geschwungenen Spiralen. Die Anstoßpunkte der Spiralen binden Sie mit dünnem Draht zusammen.

3

3 Schneiden Sie ein 50 cm langes Aludrahtstück ab und biegen Sie beide Enden zu Spiralen. Das gerade Mittelstück soll der Breite des Rahmens entsprechen.

4

5

4 Legen Sie das Drahtstück mit den Spiralen nach oben an die Oberkante des vorderen Rahmens. Befestigen Sie es mit dünnem Draht an den Rahmenecken sowie an den beiden mittleren Spiralen.

5 Platzieren Sie die Aktenbox mittig auf dem Kaninchendraht. Nun schneiden Sie an allen vier Ecken ein Quadrat ab; arbeiten Sie dabei eine Zugabe von 1 cm ein, so können die Kanten später besser gesichert werden. Biegen Sie die Seitenflächen hoch und schneiden Sie oben überstehenden Draht ab.

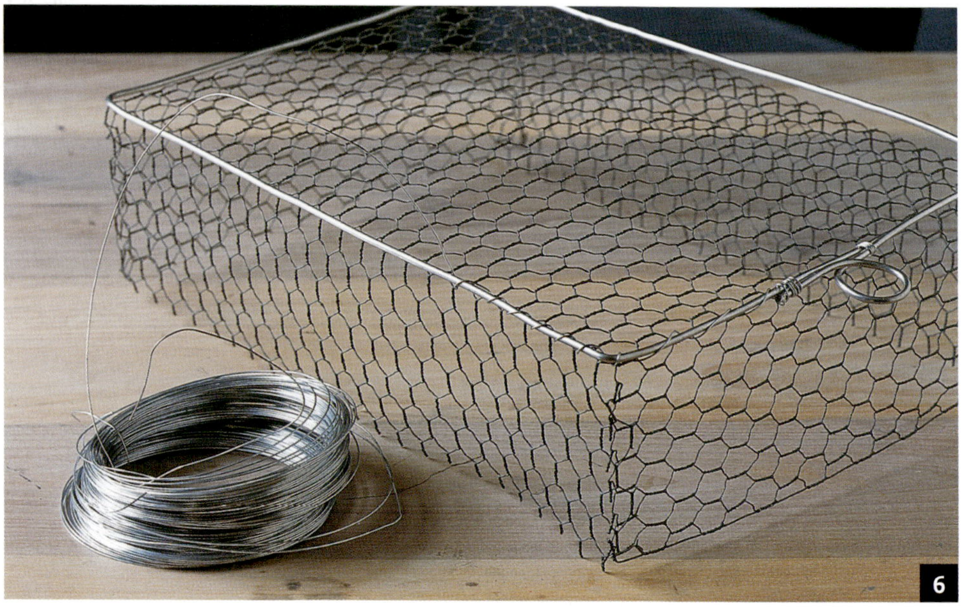

6 Entfernen Sie die Aktenbox und binden Sie die Einschnitte mit dünnem Draht so zusammen, dass aus dem Kaninchendraht ein stabiler Kasten entsteht. Legen Sie den rückwärtigen Aludrahtrahmen bündig auf die Kastenrückseite und binden Sie ihn rundherum mit dünnem Draht fest.

7 Drehen Sie die Kastenöffnung nach oben und fixieren Sie nun den dekorativen Vorderrahmen auf oben beschriebene Weise. Biegen Sie dann mit der Zange alle spitz vorstehenden Enden des Kaninchendrahtes zurück.

8 Fertigen Sie einen Regalboden aus dickem Alu- und Kaninchendraht an; damit er gut passt, sollte er eine Spur kleiner sein als das Kasteninnere. Befestigen Sie ihn gut mit dünnem Draht in der Kastenmitte.

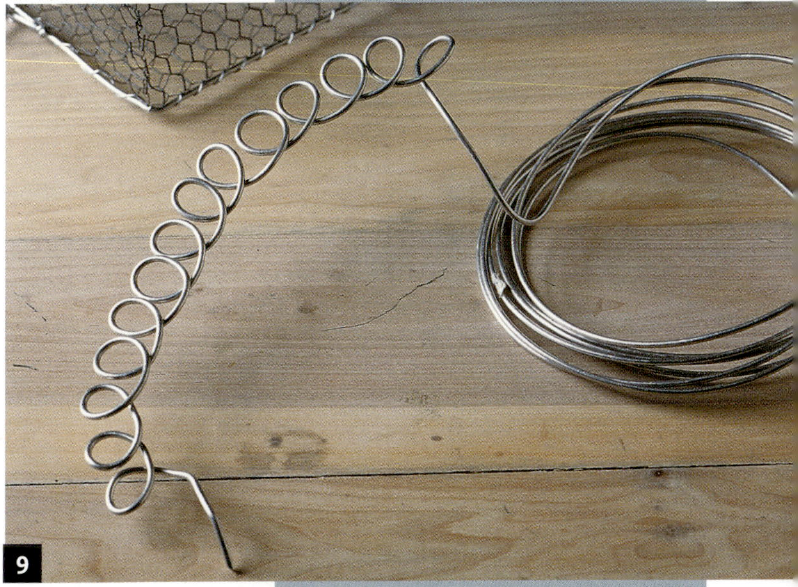

9 Für die Dekorkante biegen Sie aus dem restlichen Aludraht mit der Hand eine Schlaufenreihe. Die Schlaufen sollten möglichst flach liegen und etwa die gleiche Größe besitzen.

10 Zum Schluss binden Sie die Dekorkante mit dünnem Draht seitlich und unten an den Vorderrahmen. Der Bindedraht lässt sich besser handhaben, wenn Sie mit maximal 50 cm langen Stücken arbeiten.

DRAHT-
EIERKORB

Links: Die Grundform dieses hübschen Korbes entsteht durch das Biegen von Aluminiumgaze über einer kleinen Rührschüssel. Experimentieren Sie mit verschiedenen Schüsseln als Abformhilfe – so können Sie Körbe in den unterschiedlichsten Formen und Größen herstellen.

Dieser Drahtkorb wirkt sehr zart, ist jedoch ziemlich stabil und strapazierfähig. Mit der Zeit verwittert der Zink- und Aluminiumglanz, was den Korb noch schöner macht. Er hat die ideale Größe zum Aufbewahren von Eiern, kann aber durchaus auch anderen Zwecken dienen. Hübsch wäre er zum Beispiel mit einer Moosumrandung und mit Frühlingsblumen wie Schneeglöckchen oder Traubenhyazinthen bepflanzt. Die dekorativen und praktischen Elemente des Korbs, die Schlaufen, Spiralen und Schnörkel, sind typisch für traditionelle Drahtarbeiten. Sie wurden auch beim Drahtregal (siehe Seite 18), bei den Aussaatschildchen (siehe Seite 14) und bei den Übertöpfen (siehe Seite 86) eingesetzt. Die Aluminiumgaze – ein sehr weiches und biegsames Material – ist in Künstlerbedarfsgeschäften erhältlich. Sie dient Bildhauern als Grundgerüst für plastische Arbeiten. Für unser Projekt biegen wir sie über einer Schüssel und knicken sie sorgfältig an vier Stellen, um so aus einer ebenen Fläche den Hohlraum des Korbes zu bilden.

MATERIAL

- kleine Rührschüssel, Ø ca. 16 cm, ca. 10 cm hoch
- Becher
- Aluminiumgaze, ca. 30 x 30 cm
- Schere
- verzinkter Draht, Ø 0,5 mm, doppelt liegend verdrillt auf ca. 5 m Endlänge (siehe Seite 14, Aussaatschildchen)
- Seitenschneider
- verzinkter Draht zum Binden, Ø 0,5 mm
- 4 Wäscheklammern
- Modellierstäbchen mit flachem Ende
- Maßband
- gebogene Spitzzange
- feiner Schmuckdraht zum Binden, ca. 1 Rolle
- Holzstab, Ø ca. 1,5 cm, ca. 30 cm lang

1

DEN DRAHTEIERKORB HERSTELLEN

1 Stellen Sie die Rührschüssel mit der Öffnung nach unten auf einen Becher, sodass sie die Arbeitsfläche nicht berührt. Die Aluminiumgaze legen Sie mittig darüber. Von den Ecken der Gaze ausgehend zur Mitte hin legen Sie gleichmäßig je zwei Falten und passen das Material so der Schüsselform an. Drücken Sie die Falten wie steife Bügelfalten gut flach.

2 Drehen Sie die Schüssel um und stellen Sie sie auf die Arbeitsfläche. Nun schneiden Sie die oben überstehende Gaze rundherum ab.

2

3

3 Schneiden Sie von dem verdrillten Draht ein dem oberen Umfang des Gazekorbes entsprechendes Stück – plus 1 cm als Überlappung – mit dem Seitenschneider ab. Formen Sie es zu einem Ring und verbinden Sie die Enden mit etwas verzinktem Draht. Überstehende Drahtenden schneiden Sie ab.

4 Legen Sie den Drahtring 1 cm unterhalb des Randes um den Korb und fixieren Sie ihn mit Wäscheklammern. Biegen Sie die Gaze um den Ring. Dann schieben Sie den Gazerand mit dem abgeflachten Ende des Modellierstäbchens unter den Draht.

5 Schneiden Sie von dem verdrillten Draht je zwei 60 cm und 55 cm lange Stücke ab. Biegen Sie die Enden jeweils zu Spiralen, die in dieselbe Richtung weisen.

6 Kippen Sie den Korb auf die Seite. Die zwei langen Spiraldrähte legen Sie spiegelverkehrt aneinander, dann außen an den Korb. Stecken Sie sie mit kleinen wie Haarnadeln geformten Schmuckdrahtstücken fest und verdrillen Sie diese an der Korbinnenseite. Biegen Sie die gedrillten Drähte als Henkel zur anderen Seite und befestigen sie dort auf dieselbe Weise. Überstehenden Draht schneiden Sie ab.

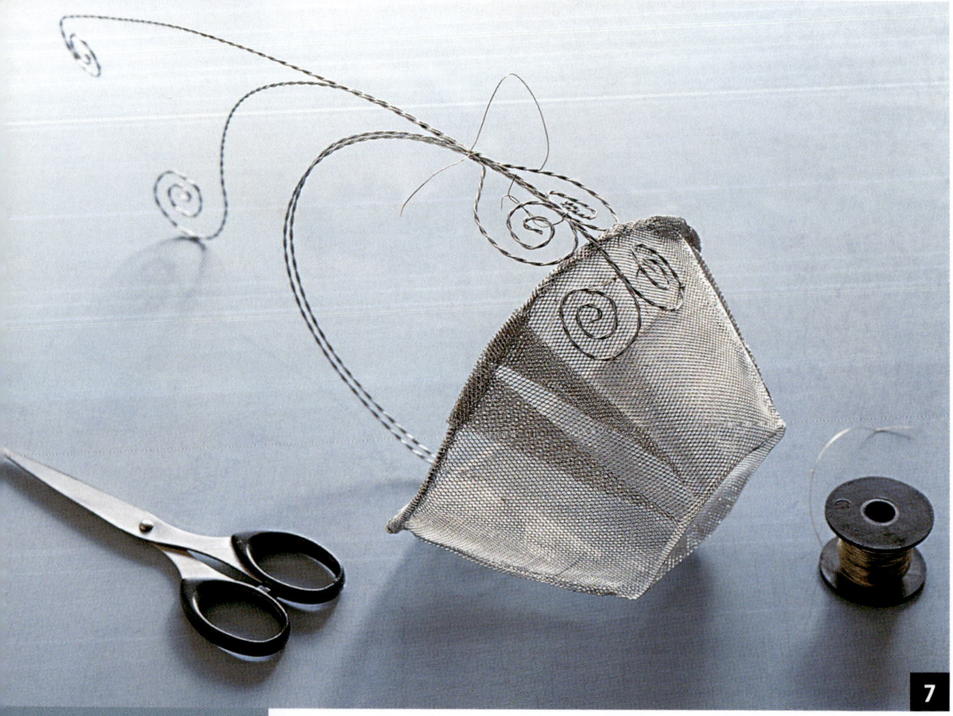

7 Legen Sie die beiden kürzeren Drähte so an den Henkel, dass die zwei Spiralen gegeneinander laufen und den Korbrand berühren. Binden Sie sie mit kleinen Schmuckdrahtstücken am Korbrand und ca. 6 cm über dem Rand am Henkel fest. Biegen Sie nun die Drähte am Henkel entlang zur anderen Seite und fixieren Sie sie dort. In der Henkelmitte verbinden Sie die vier Doppeldrähte miteinander.

8 Wickeln Sie 2 m des verdrillten Drahtes möglichst fest um den Holzstab. Ziehen Sie die entstandene Spirale herunter und drücken Sie die Schlaufen nebeneinander flach. Zwischen den Henkeln sollen später je zwölf Schlaufen eine Bordüre bilden.

8

9

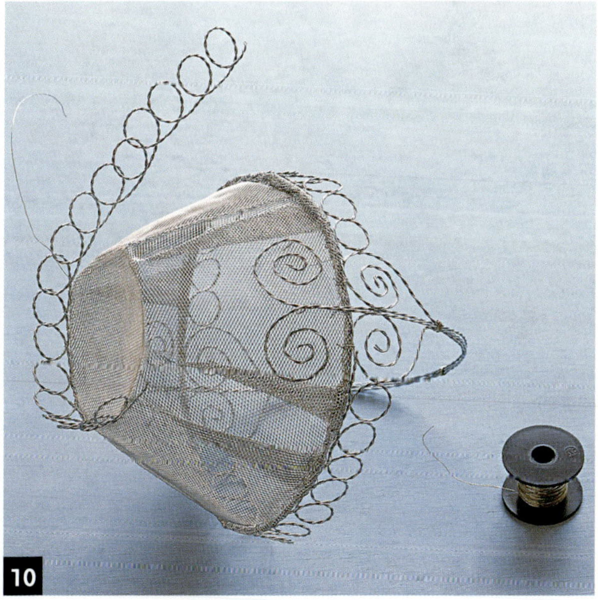

10

10 Zum Schluss bringen Sie eine Bordüre mit 16 Schlaufen als Standfuß an. Dies ist etwas kniffliger als oben am Korbrand; am besten arbeiten Sie mit einer Hand im Korbinneren.

9 Befestigen Sie die Bordüre an einer Spirale des Henkels beginnend mit Schmuckdraht am Korbrand. Ist die eine Seite fertig, schneiden Sie die Bordüre ab und beginnen neben der nächsten Spirale auf der anderen Seite.

TÜTEN-LATERNEN

Vermutlich ist dies der preiswerteste und unaufwändigste Ideenvorschlag des Buches – und doch sind die Laternen so erstaunlich effektvoll, dass sie jede abendliche Gartenparty verzaubern. Sie beleuchten Pfade und verleihen Gartenbänkchen ein romantisches Flair. Am besten fragen Sie Ihren Obst- und Gemüsehändler, ob er Ihnen große Papiertüten mit geradem Boden in der benötigten Anzahl verkauft. Vor Benutzung stabilisieren Sie die Tüten, indem Sie sie mit zwei Tassen Sand füllen. Stellen Sie eine dicke Kerze in einen Glasbecher und diesen dann in den Sand. Die Tütenseiten müssen aufrecht stehen; sie dürfen sich nicht nach innen biegen, damit sie kein Feuer fangen. Nach Gebrauch entfernen Sie den Sand und heben die Laternen einfach bis zum nächsten Mal flach liegend auf. Obwohl sie nur aus Papier bestehen, sind sie bei sorgfältiger Behandlung lange haltbar.

MATERIAL

- Papiertüten mit flachem Boden, ca. 37 x 25 cm
- Karton
- dünner Stift
- kleine Schneidmatte oder Pappe
- Cutter
- Sand
- dicke Kerzen
- passende Glasbecher

DIE TÜTENLATERNEN BASTELN

1

1 Zeichnen Sie zwei Blättermotive auf Karton und schneiden Sie den Stiel und die Blätter mit dem Cutter aus. Die Schablonen legen Sie, am besten etwas versetzt, auf die Tüte. Nun zeichnen Sie mit dem dünnen Stift die Umrisse der beiden Motive nach.

2

3

2 Schieben Sie die Schneidmatte als Unterlage in die Tüte. Sie schützt die Arbeitsfläche und die Tütenrückseite, die keine Durchbruchmotive erhalten soll.

3 Schneiden Sie mit dem Cutter vorsichtig, aber nicht zu zaghaft, außerhalb der vorgezeichneten Formen entlang. Halten Sie den Cutter dabei wie einen Zeichenstift, damit natürlich schwingende Linien entstehen.

KÜRBIS-
VASE

Links: Diese originelle Vase ist äußerst praktisch. Sie können sogar die Form und die Größe des Kürbisses auf die Farben und Formen der Blumen abstimmen. Hier wurde ein Kürbis der Sorte „Roter Kuri" gewählt.

Viele Kürbissorten sind mittlerweile in Gemüseläden erhältlich. Wollen Sie eine noch größere Auswahl, säen Sie einfach selbst welche aus und beobachten ihre erstaunliche Wuchsfreude. Kürbisse lassen sich wunderbar verzehren, ob mit gutem Olivenöl im Ofen gebacken oder als würzige Suppe zubereitet und in der Kürbisschale selbst serviert. Man kann aus ihnen Laternen für Halloween schnitzen oder sie zu wunderbaren Stillleben arrangieren (bis man in Versuchung gerät, sie doch zu verspeisen).
Diese Vase hält Ihre Blumen tagelang frisch, wenn Sie sie immer wieder mit Wasser auffüllen, so wie Sie es mit anderen Vasen auch tun. Der Trick mit den individuellen Löchern für die einzelnen Blütenstängel erlaubt es Ihnen, die gewünschte Straußform zu bestimmen, anstatt wie sonst alle Blumen zusammengebündelt in die Vase zu stellen. Solch ein Arrangement wertet den Tisch für ein herbstliches Abendessen auf oder bietet einen wunderbaren Blickfang bei einem spätsommerlichen Mittagsmenü.

MATERIAL

Kürbis (er soll stabil auf dem Tisch stehen können)
Maßband oder Lineal
dünner Filzstift
kleines Küchenmesser
Handbohrer (die Größe hängt vom Durchmesser der Blütenstängel ab)
Krug mit Wasser
je 1 Sträußchen Gerbera (pink, rot und orange), grüne Mohnkapseln und Muschelblumen

1

DIE KÜRBISVASE ANFERTIGEN

1 Zeichnen Sie einen Kreis mit einem Durchmesser von ca. 8 cm rund um den Kürbisstiel. Schneiden Sie mit dem Küchenmesser entlang dieser Linie einen „Deckel" ab und legen Sie ihn beiseite, Sie brauchen ihn später noch.

2

2 Holen Sie alle Samen und das faserige Fruchtfleisch mit den Händen heraus.

3 Bohren Sie mit dem Handbohrer in gleichmäßigen Abständen zwei Reihen Löcher rund um die mittlere Öffnung. Auch der Deckel wird mit einigen Löchern versehen.

4 Füllen Sie bis zur unteren Lochreihe Wasser in den Kürbis und setzen Sie den Deckel wieder ein. Stecken Sie nun die Blumen in die Vase, wobei Sie auf eine ausgewogene Zusammenstellung und Gesamtform achten.

WICKEN-
WIGWAM

Traditionelle Wigwams, entweder ganz aus Weide gemacht oder nur mit eingeflochtenem Weidenreisig, sind ein Muss für jeden Garten. Sie sind überraschend unaufwändig und gehören zu den praktischsten selbst gemachten Rankhilfen für schnell wachsende Kletterpflanzen. Ist das Holz unbehandelt, hält solch ein Wigwam nur wenige Jahre; das ist ausreichend für einjährige Rankpflanzen. Möchten Sie ihn länger benutzen, behandeln Sie ihn mit handelsüblicher Holzschutzfarbe, die in verschiedenen Farbtönen erhältlich ist.

Durch einen Anstrich fällt das schöne Gebilde mehr auf, es wird aufgewertet und zu einem Stück Gartenarchitektur. Ist der Farbton geschickt gewählt, kann sich ein unerwarteter und spannender Kontrast zu den Farben der üppig wuchernden Wicken und anderer Pflanzen in der Nähe ergeben. Wenn in Ihrem Garten eine Weide oder ein Haselstrauch wächst, so brauchen Sie die geraden Äste – die dem Wigwam als Stützstreben dienen – nur abzuschneiden. Ansonsten kaufen Sie sich ein Bündel Weidenruten, das auch noch für die waagerechten Flechtbänder reicht. Möglicherweise wird Sie diese Arbeit mit Weiden- und Haselzweigen ermuntern, weitere originelle Gebilde für den Garten anzufertigen, wie Zäune, Glocken, Spaliere oder Lauben.

Links: Dieser blau bemalte Rutenwigwam sorgt für Spannung im Garten: Er spiegelt das Blau des Sommerhimmels wider und erfreut auch an einem trüben Tag unser Auge.

MATERIAL

12 Weiden- oder Haselruten, ca. 1,8 m lang
Weidenreisig, alle Zweige ca. 1,5 m lang
Maßband
kräftige Gartenschere oder Baumschere mit langen Griffen
Gartenbindedraht
wetterfeste Sprühfarbe für Holz

1

DEN WICKENWIGWAM FLECHTEN

1 Schneiden Sie die dicken Enden der Weiden- oder Haselruten für die Bodenspitzen mit der Gartenschere schräg ab. Dann schneiden Sie vier Ruten oben auf eine Länge von 1,6 m schräg zurück, die übrigen acht Ruten auf 1,2 m.

2

3

2 Stecken Sie zwei der langen Ruten ca. 40 cm voneinander entfernt aufrecht und fest in den weichen Boden. Die beiden anderen langen Ruten stecken Sie im rechten Winkel dazu ein – das so entstandene Quadrat markiert vier Punkte auf einem gedachten Kreis. Je zwei der kürzeren Ruten stecken Sie in gleichmäßigen Abständen in die Zwischenräume, bis der Kreis aus zwölf Stützruten besteht.

3 In 35 cm Höhe legen Sie zwei der dünnen Reisigzweige mit den dicken Enden beidseitig an eine Stützrute. Verflechten Sie sie mit allen Ruten, indem Sie sie vor jeder folgenden einmal miteinander verkreuzen. Die dünnen Enden erreichen wieder den Beginn der Flechtrunde. Von der nächsten Stützrute aus flechten Sie dann ein neues Zweigpaar ein und fahren in dieser Weise fort.

4 Flechten Sie drei breite Bänder. Das obere sollte ca. 20 cm unterhalb der Enden der kurzen Ruten abschließen. Für die typische Wigwamform ziehen Sie beim Flechten die Stützruten oben leicht zusammen. Die dünnen freien Reisigenden stecken Sie nach innen. Damit der Wigwam ordentlich aussieht, schneiden Sie abstehende Enden zurück.

5 Halten Sie die vier langen Ruten oben zusammen und umwickeln Sie sie mit Weidenreisig; eventuell können Sie die Stelle vorher mit Draht fixieren. Zum Schluss sprühen Sie den Wigwam mit wetterfester Farbe ein.

Tipp: Frische Weide ist sehr biegsam und daher gut zu flechten. Ist sie jedoch schon trocken oder alt, weichen Sie sie einfach über Nacht in einer Wanne mit warmem Wasser ein.

MOSAIK-VOGELBAD

Dieses elegante Vogelbad ziert nicht nur einen formal streng gestalteten, sondern durchaus auch einen verwilderten Garten. Das Besondere an dieser Gartenidee ist die Kombination aus einer ausladenden, matten Terrakottaschale mit den blau-weißen Scherben eines ausrangierten Geschirrs.

Möglicherweise haben Sie einmal schönes Familienporzellan gesammelt. Es ist vielleicht längst angeschlagen oder zerbrochen, doch Sie wollen Ihre Erinnerungsstücke nicht wegwerfen – nun können Sie sie verwenden. Sie können aber auch preiswertes Porzellangeschirr kaufen, dessen älteste Muster ursprünglich oft schon vor Jahrhunderten entstanden sind. Ergiebige Fundgruben sind vor allem Secondhandshops und Flohmärkte. Doch woher Ihr Porzellan auch immer stammt: Verwandeln Sie es zu einem schönen Mosaikmuster für ein dauerhaftes Gartenobjekt, das viel bewundert und von Ihren gefiederten Gästen im Hof oder im Garten gerne genutzt wird.

Links: Eine klassische Kombination aus zeitlos wirkenden blau-weißen Porzellanscherben und einer robusten Terrakottaschale – das elegante Mosaikvogelbad lockt wild lebende Vögel in Ihren Garten.

MATERIAL

blau-weiße Porzellanscherben
Fliesenbrechzange
frostsicherer Fliesenkleber (Pulverkleber)
altes Küchenmesser
Terrakottaschale, Ø ca. 45 cm, ca. 15 cm tief
frostsicherer Fugenmörtel (Fugengrau)
Plastikspachtel
Schwamm
Tuch

DAS MOSAIKVOGELBAD HERSTELLEN

1 Zerbrechen Sie größere Porzellanstücke mit der Fliesenbrechzange in kleinere Teile. Randscherben mit ihren gerundeten Kanten legen Sie zunächst beiseite, sie werden erst zum Schluss benötigt. Das Brechen mit der Fliesenbrechzange gelingt am besten, wenn Sie sie von der Kante der Scherben aus fest zusammendrücken; so bricht die Scherbe an der gewünschten Stelle. Generell ist hoch gebranntes Porzellan härter als das oft niedriger gebrannte Alltagsgeschirr.

2 Rühren Sie den Fliesenkleber nach Packungsanweisung an. Mit dem Küchenmesser tragen Sie etwas davon in der Mitte des Schalenbodens auf. Setzen Sie darauf die erste Scherbe und arbeiten Sie sich Stück für Stück weiter nach außen vor, indem Sie die Teile puzzleartig aneinander fügen. Möglicherweise müssen Sie einige Formen mit der Fliesenbrechzange anpassen, damit die Fugen nicht zu breit werden. Sind die Scherben unterschiedlich dick, gleichen Sie die Höhe aus, indem Sie auf die Rückseite der dünnen Scherben etwas zusätzlichen Kleber streichen.

3

3 Fahren Sie in dieser Weise fort, wobei Sie auf eine möglichst ebene Oberfläche und schmale Fugen achten. Schneiden Sie die Scherben dort zurecht, wo sie an die schräge Schalenwand anstoßen.

4 Am Schalenrand verwenden Sie als Mosaikabschluss die zuvor beiseite gelegten Randscherben. Lassen Sie den Kleber über Nacht trocknen.

4

5 Rühren Sie den Fugenmörtel nach Packungsanweisung an und streichen Sie ihn mit dem Plastikspachtel über die gesamte Mosaikfläche. Drücken Sie ihn dabei sorgfältig in die Fugen. Sobald alle Fugen gefüllt sind, entfernen Sie den überschüssigen Fugenmörtel mit einem sauberen feuchten Schwamm. Säubern Sie den Schwamm und wischen Sie auch den Schalenrand von jeglichem Fugenmörtel sauber.

6 Reiben Sie die gesamte Oberfläche gründlich mit einem sauberen trockenen Tuch ab. Lassen Sie das Mosaik einige Tage gut aushärten, bevor Sie Wasser ins Vogelbad füllen.

Rechts: Porzellanscherben mit traditionellen blau-weißen Weidenmustern setzen hier als Mosaik einen Akzent in den Garten.

STEINGARTEN IM ZINKBOTTICH

An der grossen Vielfalt der heute erhältlichen Zinkbottiche, -wannen und -eimer sind nicht nur der silbergraue Mattglanz sowie die neuen Formen und Größen reizvoll, sondern auch ihre Einsatzmöglichkeit als Blickfang im Garten. Unsere Großmütter oder gar unsere Mütter gebrauchten sie als Waschbottiche, bevor der Kunststoff alles ersetzte. Nun werden Zinkgefäße als Gartenantiquitäten gehandelt, zu teilweise eindrucksvollen Preisen. Aber viele lagern noch auf Dachböden, in Kellern oder Gartenschuppen – holen Sie sie heraus, bepflanzen Sie sie und stellen Sie sie an den sonnigsten Platz im Garten. Unser rechteckiger Zinkbottich ist mit niedrigen Alpenpflanzen bestückt. Sie scheinen die Hitze zu genießen, die das Zinkblech reflektiert; nach Sonnenuntergang kühlt es rasch wieder ab. Die winterfesten Alpenpflanzen eignen sich für die meisten Klimabereiche.

MATERIAL

Zinkbottich, ca. 50 x 35 x 25 cm
Gartenschlauch
harte Bürste
schwerer Hammer
dicker Stahlnagel, ca. 100 mm lang
grober Kies, 1 kleiner Eimer
Zollstock
Kompost, 1 Sack (ca. 35 l), gemischt mit je 1 Eimer
  Gartenerde und ungefärbtem feinen Sand
ca. 8 Gebirgspflanzen in Pink, Weiß und Purpur
eine Auswahl flacher, unregelmäßig geformter Flusssteine
kleine Kieselsteine, $^{1}/_{4}$ Eimer

Links und rechts: Dieses Objekt ist ideal für Terrassen und Minigärten. Sie können den Bottich auch mit Kräutern bepflanzen und in der Nähe der Küchentür aufstellen. So sind frische Vitamine beim Kochen stets griffbereit.

Den Steingarten im Zinkbottich gestalten

1

1 Reinigen Sie den Bottich gründlich mit Wasser aus dem Gartenschlauch. Fest sitzenden Schmutz schrubben Sie mit einer harten Bürste ab. Dann stellen Sie den Bottich mit dem Boden nach oben auf eine harte Unterlage. Schlagen Sie mit dem Hammer und dem dicken Stahlnagel in gleichmäßigen Abständen Dränagelöcher in den Bottichboden.

2

3

2 Füllen Sie eine ca. 5 cm dicke Kiesschicht in den Bottich. Diese sorgt für einen guten Wasserablauf, was gerade für Alpenpflanzen wichtig ist.

3 Füllen Sie das Kompost-Erde-Sand-Gemisch bis ca. 5 cm unterhalb des Randes ein und drücken Sie es gleichmäßig fest; eventuell müssen Sie etwas Gartenerde nachfüllen.

4

5

4 Nun gestalten Sie mit den Pflanzen und Flusssteinen einen Steingarten. Zuerst setzen Sie die größte Pflanze vorn in eine Ecke, damit sie über die Kante rankt. Direkt daneben legen Sie Flusssteine. Auch beim Bepflanzen der übrigen Fläche sollen sich Pflanzen und Steine abwechseln, bis kaum noch Erde zu sehen ist und alles möglichst natürlich wirkt.

5 Die Räume zwischen den Steinen füllen Sie mit Kieselsteinchen. Die Steinschicht verhindert, dass zu viel Bodenfeuchtigkeit verdunstet. Sie hält die Wurzeln auch an heißen Tagen kühl; im Winter schützt sie vor Frost.

EIER-
KRANZ

Die Form des Eis ist vermutlich die perfekteste Naturform überhaupt – dies sollten Sie beim Verzieren unbedingt respektieren. Das Dekor soll die Form unterstreichen und sich ihr anpassen. Wählen Sie die kleinen Blättchen als Schablonen mit Bedacht, passend zur Eigröße und biegsam, damit sie sich gut um das Ei legen lassen. Durch die verschiedenen Grundtöne der Hühner-, Enten- und Gänseeier wirkt die angewendete Färbung nicht einheitlich; so ergibt sich ohne Aufwand eine Palette fein nuancierter Naturtöne. Da die Eier ausgeblasen sind, ist der Kranz langlebig; stechen Sie ein Loch in beide Enden der Eier, verrühren Sie mit einer Stricknadel Dotter und Eiweiß, dann pusten Sie alles aus.
Eier, Federn und die Pflanzen aus Ihrem Garten machen aus dem Kranz eine Hommage an die Natur. Sie können ihn zum Beispiel jedes Jahr zum Osterfest an die Eingangstür hängen.

MATERIAL

10 ausgeblasene Gänse-, Enten- und Hühnereier
frische kleine Blätter
Feinstrumpfhose (10 den)
Schere
Naturfärbemittel in Rot
Synthetikfärbemittel in Purpur und Orange
alter Kochtopf
Löffel
verzinkter Draht, Ø 1 mm, ca. 1 m lang
Seitenschneider
Kraftkleber
10 weiße Federpicks mit Draht
20 kleine getupfte (Fasanen-)Federn

Links: Aus fein dekorierten Eiern, auf Draht aufgefädelt und mit Federn kombiniert, wurde ein zarter Kranz – ein ganz besonderer Blickfang.

DEN EIERKRANZ MIT NATURDEKOR FERTIGEN

1 Ordnen Sie den Eiern in der Größe passende Blättchen zu. Feuchten Sie die Schalen an, legen Sie die Blättchen auf die gewünschten Stellen und streichen Sie sie mit den Fingern vorsichtig glatt.

2 Stecken Sie das erste Ei mit dem Blättchen vorsichtig in das Bein einer Feinstrumpfhose. Mit je einem Knoten fixieren Sie den Schlauch über und unter dem Ei und schneiden ihn ab. Der Stoff soll straff gespannt sein und das Blättchen als Schablone gleichmäßig flach auf die Schale drücken. Hüllen Sie die übrigen Eier ebenfalls ein.

3 Geben Sie eine Hand voll des roten Naturfärbemittels und das purpurfarbene Färbemittel in einen Topf mit Wasser (achten Sie auf die vom Hersteller angegebene Menge) und lassen Sie es ca. 10 Minuten köcheln. Nehmen Sie den Topf vom Herd und legen Sie einige Eier hinein. Halten Sie sie mit dem Löffel unten, bis die Luft daraus entwichen ist. Lassen Sie sie im Topf, bis sie im gewünschten Ton gleichmäßig eingefärbt sind. Die übrigen fünf Eier färben Sie auf dieselbe Weise, jedoch mit einer Mischung aus Rot und Orange.

4 Nehmen Sie die Eier mit einem Löffel aus dem Färbebad und lassen Sie sie abtropfen. Wenn Sie Strumpfhose und Blättchen entfernen, erscheint hell das schablonierte Motiv. Waschen Sie die Eier mit kaltem Wasser ab. Möglicherweise müssen Sie restliches Färbewasser aus dem Ei herauspusten; vorher sollten Sie die Enden jedoch gut mit Wasser abspülen.

5 Fädeln Sie die Eier auf Draht auf; wechseln Sie dabei Orange und Purpur und ordnen Sie die Größen, Muster und Farbnuancen harmonisch an. Verdrillen Sie nun die Drahtenden mehrfach, ohne die Eier zu beschädigen. Überstehenden Draht schneiden Sie mit dem Seitenschneider ab.

6 Drehen Sie die Eier mit den Motiven nach oben. Tupfen Sie etwas Kraftkleber in die Zwischenräume, um den Kranz zu stabilisieren, und lassen Sie ihn trocknen. Winden Sie dann die Federpicks so um die Verbindungsstellen, dass die weißen Büschel abwechselnd nach innen und außen zeigen. Die getupften Federn stecken Sie mit etwas Kleber jeweils gegenüber ein. Der Kleber muss trocken sein, bevor Sie den Kranz aufhängen.

GARTEN-
LÜSTER

Dieser bezaubernde kleine Lüster mit seinen hübschen Glasperlen, die sparsam auf Kupferdraht aufgefädelt sind, gibt Ihrer Gartendekoration etwas Magisches. Schön sieht solch ein Lüster an einer Laube oder einem Rosenbogen aus, wo er das Morgenlicht einfängt. Oder Sie hängen ihn an einen Ast, wo er beim sommerlichen Abendessen im Freien über dem Tisch das Kerzenlicht widerspiegelt. Für festliche Anlässe verteilen Sie am besten gleich mehrere Lüster im Garten – ein phantastischer Effekt. Sie können die Perlen auch durch kleine Glöckchen ergänzen, die Sie unten an die Drähte hängen und die beim zartesten Windhauch leise klingeln.
Die Kupferblätter sind schnell und einfach gefertigt; die dünne Metallfolie lässt sich mit der Schere schneiden. Ein besonderer Trick für die Blattadern: Sie werden mit einem Kopierrädchen gezeichnet. Ein solches Reliefmuster verstärkt die märchenhaften Lichtreflexe.

Links und unten:
Hängen Sie diesen Lüster an einem Platz auf, wo er sich leicht im Wind drehen und das Sonnenlicht in den Glasperlen reflektieren kann.

MATERIAL

Kupferdraht, Ø 1,5 mm, ca. 1 Rolle
Maßband
Seitenschneider
100 schön sortierte Glasperlen
 (mit zum Draht passender Lochgröße)
 und 6 kleine Abschlussperlen
dünner Kupferdraht zum Binden, Ø 0,5 mm
gebogene Spitzzange
Zweikomponentenkleber
Karton
Kugelschreiber
Schere
Kupferfolie, 0,1 mm stark
gezacktes Kopierrädchen
Stopfnadel
feiner Kupfer-Schmuckdraht zum Perlenauffädeln

Den Gartenlüster herstellen

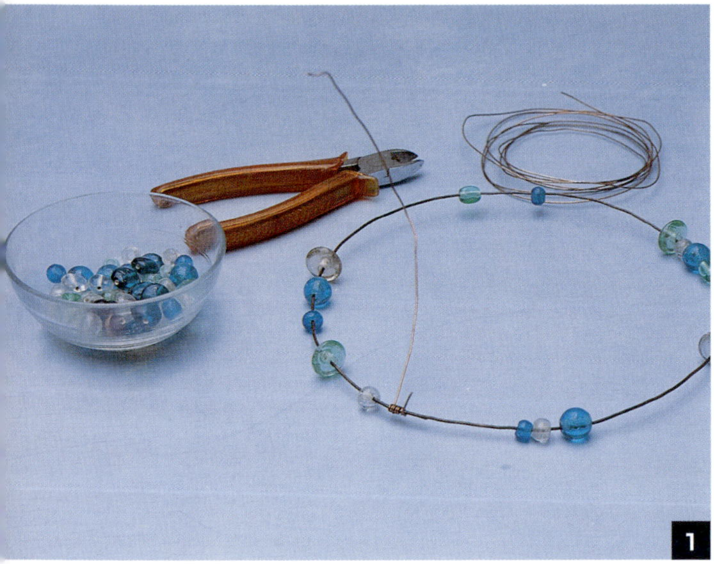

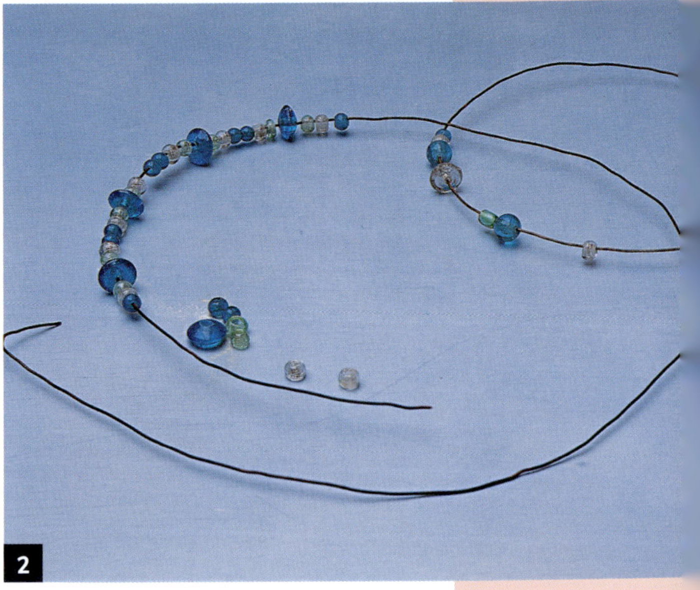

1 Biegen Sie ein 80 cm langes Stück des dicken Kupferdrahtes zu einem Ring. Fädeln Sie fünf Gruppen aus je drei Perlen auf. Binden Sie dann die Enden des Drahtes – 2 cm überlappend – mit dünnem Draht fest zusammen.

2 Schneiden Sie nun ein 1,3 m langes Stück aus dickem Draht zu und fädeln Sie fünf genau gleiche Gruppen aus je sieben Perlen auf. Es soll stets eine große Perle in der Mitte sitzen, links und rechts davon folgen je drei kleinere.

3 Wickeln Sie ein Ende dieses Drahtes um den zuvor gefertigten Ring. Biegen Sie dann aus dem ersten Fünftel des Drahtes einen Bogen, der die erste siebenteilige Perlengruppe aufnimmt. Verbinden Sie ihn so mit dem Ring, dass sich auf dem abgegrenzten Stück die erste Dreierperlengruppe befindet und auf dem übrigen Ring noch Platz für vier weitere Bögen bleibt. Formen Sie nun die übrigen vier und befestigen Sie sie. Denken Sie dabei daran, alle Perlengruppen rechtzeitig auf dem Draht aufzuteilen.

4 Schneiden Sie aus dem dicken Draht für die Aufhängung fünf 60 cm lange Stücke zu. Biegen Sie beide Enden jeweils zu lockeren Spiralen, die in dieselbe Richtung weisen.

4

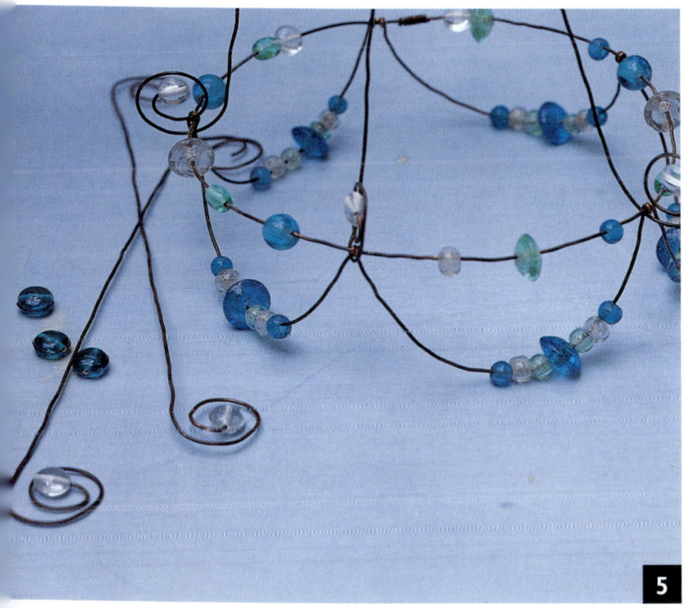

5

6

5 Versehen Sie die Enden der Spiralen mit je einer Perle; für die unteren Spiralen werden farblose und für die oberen blaue verwendet. Am besten fixieren Sie die Perlen mit etwas Zweikomponentenkleber. Verbinden Sie die unteren fünf Spiralen mit dem Drahtring, genau zwischen den Bögen. Die oberen fünf Spiralen befestigen Sie mithilfe von dünnem Draht an einem weiteren Aufhängedraht.

6 Zeichnen Sie ein kleines und ein größeres Blatt auf Karton. Schneiden Sie die Formen aus und übertragen Sie sie mit dem Kugelschreiber auf Kupferfolie; Sie brauchen ein großes und fünf kleinere Blätter. Schneiden Sie sie mit der Schere aus.

7

7 Legen Sie die Blätter auf eine nicht zu harte Unterlage, zum Beispiel auf ein Telefonbuch, und zeichnen Sie mit dem Kopierrädchen die Blattrippen ein. Drücken Sie dabei fest auf; auf der Rückseite sollen deutliche kleine Noppen entstehen.

8

8 Durchstechen Sie jedes Blatt oben und unten mit der Stopfnadel. Ein 45 cm langes Stück Schmuckdraht ziehen Sie so durch das obere Loch des großen Blattes, dass es doppelt liegt. Fädeln Sie hier zwölf Perlen auf; die Drahtenden bleiben frei. Die fünf kleineren Blätter verzieren Sie ebenso, jedoch nur mit je drei Perlen; die freien Enden sollen 5 cm lang sein.

Für den unteren Blattschmuck fädeln Sie zuerst je eine Miniperle bis zur Mitte der zugeschnittenen Drahtstücke und legen diese dann doppelt. Nun erst kommen zwei weitere Perlen (beim großen Blatt drei) auf den Doppeldraht. Ein Drahtende stecken Sie durch das untere Blattloch und verdrillen es mit dem anderen. Überschüssiges schneiden Sie ab, das Verdrillte biegen Sie zurück.

9

9 Bringen Sie die fünf kleinen Blattgehänge zwischen den Bögen an. Dazu verdrillen Sie die beiden Schmuckdrahtenden und schneiden Überschüssiges ab. Mit dem langen Blattgehänge schmücken Sie das Zentrum; verdrillen Sie die Drahtenden oben in der Mitte, wo sich die mit blauen Perlen verzierten Spiralen treffen.

Links: Der Lüster sieht auch in der Wohnung schön aus. Hängen Sie ihn über den Esstisch und zünden Sie darunter Kerzen an – die Lichter werden in den Glasperlen und auf den Metallblättern glitzern.

FUCHS-
VOGELSCHEUCHE

MATERIAL

Fuchsschablone
(siehe 1. Arbeitsschritt)
Schere
Aluminiumblech, 5 mm stark, ca. 80 x 40 cm
Klebeband
schwarzer wasserfester Filzstift
kräftige Schere oder Blechschere
Schutzhandschuhe
Hammer
Locheisen, Ø 16 mm
feines Schmirgelpapier
schnell härtender Zweikomponentenkleber
Glasmurmel, Ø ca. 2 cm
Holzstab, Ø ca. 2,6 cm, ca. 50 cm lang
Maßband oder Lineal
Fuchsschwanz
schwarzer wetterfester Mattlack für Metall
Pinsel

Jeder, der jemals eigenes Gemüse gezogen hat, weiß, wie dringend Vögel daran gehindert werden müssen, sich die jungen Pflänzchen einzuverleiben. Nichts ist enttäuschender, als zu sehen, wie alles zunichte gemacht wird: die Zeit, die Arbeit und die Vorfreude, die mit Aussaat und Pikieren verbunden sind. Und alles, was vom Gemüse und den Lieblingsblumen bleibt, sind kahle Stängel. Es muss etwas getan werden!

Unsere Fuchssilhouette mit dem schillernden Auge ist wirklich sehr wirkungsvoll. Kein Vogel riskiert es, in einen Blumenkohl zu picken, wenn heimlich ein Fuchs ums Beet schleicht. Statt aus Aluminiumblech können Sie die Vogelscheuche auch aus Sperrholz anfertigen, das vor dem Bemalen jedoch einen wetterfesten Schutzlackanstrich benötigt.

Sie können auch auf Nummer Sicher gehen – warum sollten die gefiederten Blumenkohlräuber nicht gleich mit zwei Füchsen abgeschreckt werden?

Rechts: Stellen Sie anhand dieses Fotos die Schablone für die Vogelscheuche her. Sie können den Umriss fotokopieren und dabei auf das gewünschte Maß vergrößern.

DIE VOGELSCHEUCHE ANFERTIGEN

1 Vergrößern Sie die Fuchsform der vorigen Seite mit dem Fotokopierer auf das gewünschte Maß (hier: Vorderpfoten-Schwanzspitzen-Abstand 73 cm) und schneiden Sie die Schablone aus. Kleben Sie sie mit Klebeband auf das foliengeschützte Aluminiumblech und umfahren Sie sie mit Filzstift.

2 Schneiden Sie die Form mit einer kräftigen Schere vorsichtig entlang der Umrisslinie aus. Am besten tragen Sie Schutzhandschuhe, da das Metall scharfkantig sein kann. Normale Scheren können kein Metall schneiden, das stärker als 0,5 mm ist. Für dickeres Material brauchen Sie eine Blechschere.

3 Klopfen Sie mit einem Hammer vorsichtig alle Schnittkanten flach. Dann ist die Form besser zu handhaben.

4 Schlagen Sie das Loch für das Auge kräftig mit Hammer und Locheisen ins Metall. Der Rand des Loches biegt sich etwas nach unten – eine ideale Mulde zum Einsetzen der Murmel. Wenn Sie keine stabile Werkbank besitzen, arbeiten Sie auf einer anderen harten Unterlage (Fußboden, Türschwelle).

5 Ziehen Sie die Schutzfolie ab, um die glänzende Metalloberfläche freizulegen.

6 Schleifen Sie mit dem Schmirgelpapier gründlich die Vorder- und Rückseite ab, damit die Oberfläche rau genug für den Farbauftrag ist. Vorsicht an den Kanten – sie können scharf sein.

7 Rühren Sie den Zweikomponentenkleber an. Legen Sie die Murmel in die Augenmulde und sichern Sie sie mit Klebeband. Drehen Sie nun den Fuchs um. Streichen Sie Kleber zwischen Murmel und Metall, ohne jedoch das ganze Auge zu überdecken, denn hier muss ja das Licht hindurchscheinen können.

8 Nach dem Aushärten des Klebers ziehen Sie das Klebeband ab. Schlitzen Sie den Holzstab mit dem Fuchsschwanz 7,5 cm tief ein, schleifen Sie die Kanten und kleben Sie den Fuchs gut im Schlitz des Holzstabs fest.

9 Nach dem Trocknen des Klebers streichen Sie den Fuchs und den Holzstab beidseitig zweimal mit wetterfestem Mattlack an; lassen Sie die Farbe zwischen den Anstrichen gut trocknen.

Rechts: Stecken Sie den Fuchs mit dem Stab in die Ecke Ihres Gemüsebeetes. Dort verscheucht er die Vögel und rettet Ihre Ernte.

BEMALTE BLUMENTÖPFE

Wenn Sie ein schlichtes Objekt wie einen Blumentopf gestalten, sollten Sie kein zu kompliziertes Muster wählen. Denn das würde von der Schönheit der Blumen ablenken, die dort eingepflanzt werden. Das Muster darf ruhig eindrucksvoll wirken, sollte aber auf die Farben der vorgesehenen Pflanzen abgestimmt sein.
Nichts ist einfacher als dieses kühne grau-weiße Design mit seinen kurvigen Linien, die einfach in die frisch aufgetragene graue Farbe „gekämmt" werden. Es passt am besten zu hohen, schlanken Töpfen und zu solchen ohne Rand, lässt sich aber natürlich auch auf Töpfen in allen anderen Formen anwenden. Die Topfoberfläche muss sauber sein. Am besten eignet sich eine durchlässige Farbe auf Wasserbasis, damit der Topf „atmen" kann.

Links und oben: Ideal für solche Töpfe sind Geranien, die nur wenig Wasser brauchen. Denn durchsickernde Feuchtigkeit kann das Dekor verderben. Eine andere Lösung: Sie verwenden die dekorierten Töpfe nur als Übertöpfe.

MATERIAL

Terrakottatöpfe, Ø ca. 15 cm, ca. 16 cm hoch
Plakafarbe in Weiß und Grau
2 Gläser
runder Haarpinsel, ca. 2,5 cm dick
Bleistift
Maßband oder Lineal
kleiner Abschnitt eines Dekorateur-Gummikamms, ca. 2 cm breit (in Künstlerbedarfs-/Farbgeschäften nachfragen oder Ähnliches selbst basteln)

DIE BLUMENTÖPFE BEMALEN

1 Der Topf sollte neu oder sehr gründlich gereinigt worden sein. Bemalen Sie ihn zweimal mit weißer Plakafarbe, die jedes Mal gut trocknen muss.

2 Drehen Sie den Topf um und zeichnen Sie mithilfe des Lineals in gleichmäßigen Abständen Bleistiftmarkierungen auf dem Boden ein, an denen dann die grauen Linien angesetzt werden. Malen Sie die erste mit unverdünnter Farbe zügig auf.

3

3 Solange die graue Farbe noch feucht ist, ziehen Sie das Gummikämmchen mit einer Wellenbewegung von oben nach unten über den Streifen. Seien Sie nicht allzu vorsichtig – mit Zutrauen gezogene Linien wirken besser.

4

4 Malen Sie nacheinander die weiteren Streifen auf und ziehen Sie jedesmal sofort das Wellenmuster in die feuchte Farbe. Sie können zur Abwechslung auch einmal Sternchen hineinzeichnen. Bevor Sie den Topf bepflanzen, lassen Sie die Malerei gut trocknen.

FUTTER-
HÄUSCHEN

Rechts: Wenn Sie das Futterhäuschen in der Nähe des Fensters aufhängen, können Sie die Vögel bei ihrem Besuch beobachten. Der Kaninchendraht hält größere Vögel oder Eichhörnchen davon ab, das Futter zu stehlen.

Zu den schönsten Freuden des Gartenliebhabers gehört es, zu jeder Jahreszeit im Freien sein zu können. Lassen Sie die Natur gewähren und nehmen Sie sie einfach nur wahr, vor allem die Vögel, die mit uns den Garten teilen. Wir sehen Zugvögel kommen und gehen, lesen an ihrer Ankunft die Jahreszeiten ab; zum Beispiel verkünden uns die heimkehrenden Schwalben den Sommeranfang. Das Rotkehlchen, des Gärtners Freund, bleibt seinem Revier treu. Es weiß, dass es genug Futter findet, wenn es nur geduldig die Erde und den Kompostbehälter absucht. Doch an den dunklen Wintertagen, wenn die Nahrung knapp wird, sollten wir die kleinen Vögel mit Wildvogelfutter unterstützen. Der Futterplatz muss unzugänglich für Katzen sein, deshalb ist unser reisiggedecktes Modell zum Aufhängen ideal. Am schönsten wird das Ergebnis mit Weiden- oder Haselruten.

MATERIAL

Teller als Schablone oder Zirkel, Ø ca. 14 cm
Bleistift
Außensperrholz, 18 mm stark, ca. 35 x 25 cm
Stichsäge
mittelgrobes Schmirgelpapier
blaue wetterfeste Holzfarbe
Pinsel
(Akku-)Bohrmaschine mit 2-mm-Bohrer
verzinkter Draht, Ø 1 mm, ca. 1 m lang
Seitenschneider
gebogene Spitzzange
Maßband oder Lineal
4 Weiden- oder Haselruten, Ø ca. 2 cm, ca. 20 cm lang
1 Weiden- oder Haselrute, Ø ca. 2 cm, ca. 1,2 m lang
starkes Bastelmesser oder Teppichmesser
Astsäge
kleinmaschiger Kaninchendraht, ca. 36 x 20 cm
verzinkte Nägel, 30 und 40 mm lang
Hammer
Reisigbesen
Schere
Holzleim
Kupferdraht, Ø 0,6 mm, ca. 1 m lang

DAS FUTTER-HÄUSCHEN BAUEN

1 Zeichnen Sie mithilfe des Tellers oder Zirkels zwei Kreise auf das Sperrholz (Ø 14 cm) und sägen Sie sie mit einer Stichsäge aus. Sägen Sie langsam, damit die Kreise gleichmäßig rund werden. Schleifen Sie die Scheiben fest mit Schmirgelpapier ab, damit sie glatt genug für den Anstrich sind.

2 Streichen Sie die Scheiben auf allen Seiten mit der wetterfesten Holzfarbe an. Tragen Sie die Farbe zweimal auf, damit der Anstrich gleichmäßig ausfällt. Die erste Farbschicht muss vor dem nächsten Arbeitsgang jedoch erst gründlich trocknen. Eine Scheibe wird später das Dach, die andere den Boden des Häuschens bilden.

3 Durchbohren Sie die Scheibe für das Dach mittig in ca. 1 cm Abstand zweimal. Den Zinkdraht für die Aufhängung biegen Sie in der Mitte zu einer kleinen Schlaufe. Von da aus verdrillen Sie ihn, bis auf 6 cm an den Enden, fest zu einem Doppeldraht.

4

4 Die vier kurzen Weiden- oder Haselruten flachen Sie auf der ganzen Länge um ein Drittel ab. Verwenden Sie dazu das Bastelmesser. Verfahren Sie mit der langen Weiden- oder Haselrute ebenso. Zersägen Sie diese anschließend mit der Astsäge in 36 kleine, 3 cm lange Stücke.

5

5 Stecken Sie die Enden der Drahtaufhängung durch die zwei Löcher der Dachscheibe und verdrillen Sie sie auf der anderen Seite. Nun biegen Sie beim Kaninchendraht an den Schmalseiten alle kurzen Enden zurück. Legen Sie ihn um die Bodenscheibe und verdecken Sie eine Schmalkante mit einem Stück Weidenrute (die abgeflachten Seite nach unten). Bohren Sie ein Loch vor und schlagen Sie einen der kürzeren Nägel in Weidenrute und Sperrholz ein.

6 Auf dieselbe Weise nageln Sie in gleichmäßigen Abständen auch die anderen drei abgeflachten Weidenruten mit dem Kaninchendraht an die Bodenscheibe (die Löcher immer vorbohren). Die letzte Rute überdeckt die zweite Schmalseite des Kaninchendrahts. Danach nageln Sie die „Häuschenwand“ an die Dachscheibe.

7 Nun nageln Sie in die Zwischenräume zwischen den senkrechten Stützen die 3 cm langen Rutenstückchen nebeneinander auf die Ränder der beiden Scheiben. Verwenden Sie an der oberen Scheibe abwechselnd lange und kurze Nägel; lassen Sie die langen Nägel 1 cm weit herausstehen.

8 Lösen Sie den Draht vom Besen, der das Reisig zusammenhält. Schneiden Sie diesen auf 30 cm zurück und entfernen Sie zu dicke Zweige. Legen Sie das Reisig in Dachform um den verdrillten Aufhängedraht. Bündeln Sie die dicken Enden oben an der Drahtschlaufe und fixieren Sie sie mit Leim.

Binden Sie die Dachspitze mit Kupferdraht fest zusammen. Nun ordnen Sie das Reisig gleichmäßig an und führen den Kupferdraht abwechselnd über das Reisig und um die hochstehenden Nägel herum. Schneiden Sie das Reisig unten mit der Schere zurück.

TREIBHOLZ-BANK

Diese schlichte moderne Bank verlangt beim Bau absolut kein handwerkliches Geschick, denn sie hat weder Nägel, Schrauben noch andere komplizierte Verbindungen, deren Anbringung Sie frustrieren könnte. Zwei Harthölzer wurden für dieses Modell benutzt: Ein gebrauchtes Ulmenbrett dient als Sitz, die Stützen stammen von ausrangierten Eichen-Torpfosten. Die Teile wären sonst verbrannt worden oder auf irgendeinem Holzhaufen verwittert. Für den kreidigen Ausbleicheffekt bringen Sie einfach wässerige zartblaue Farbe auf eine weiße Grundierung auf, die später mit grobem Schmirgelpapier angeschliffen wird. Ulmenholz ist empfindlich und biegt sich bei Feuchtigkeit. Bringen Sie das Brett deshalb vor dem Regen ins Haus oder stellen Sie die Bank auf die überdachte Terrasse. Für eine komplett wetterfeste Bank verwenden Sie besser für alle Bauteile Eiche und streichen sie zusätzlich mit ölhaltiger Holzschutzfarbe.

Links und unten: Stabil und stattlich – diese Bank ist einfach zu bauen und ideal, um alte Hölzer sinnvoll zu nutzen. Die verwitterte Oberfläche passt gut zu dem natürlichen Material.

MATERIAL

Eichenpfosten, Querschnitt ca. 15 x 12,5 cm, insgesamt sind ca. 4 m Länge nötig
Maßband
Handsäge
Ulmen- oder Eichenbrett, ca. 150 x 35 cm
ölhaltige Farbe in Weiß und Zartblau
Pinsel
grobes Schmirgelpapier
Staubmaske

1

DIE TREIBHOLZBANK BAUEN

1 Zersägen Sie die Eichenpfosten mit einer scharfen Säge sorgfältig in ca. 30 cm lange Abschnitte; sie benötigen insgesamt zwölf Teile. Es macht nichts, wenn die Längen nicht ganz einheitlich sind – solche Unregelmäßigkeiten machen die Bank noch interessanter.

2

2 Sägen Sie die Schmalseiten des Brettes gegebenenfalls zurück, damit es rechtwinkelig ist.

3

3 Streichen Sie die Pfostenabschnitte und das Brett zuerst auf allen Seiten grob mit weißer Farbe. Nach dem Trocknen streichen Sie dann zartblaue Farbe darüber, ebenfalls nur grob, sodass ab und zu das Weiß durchschimmert. Lassen Sie alles gut trocknen.

4 Schleifen Sie nun kräftig mit Schmirgelpapier einen Teil der Farbe rundherum wieder ab. So wirkt das Holz benutzt und verwittert, die Untermalung und das Holz liegen stellenweise wieder frei. Tragen Sie dabei eine Staubmaske, damit Sie den Farbstaub nicht einatmen.

5 Für die beiden Bankstützen stapeln Sie je sechs Pfostenteile paarweise versetzt übereinander; wie eine Brücke liegt also stets die nächste Lage über der vorigen. Von Außenkante zu Außenkante gemessen soll der Abstand ca. 1,45 m betragen. Jetzt fehlt nur noch das Sitzbrett, das Sie einfach über die Stützen legen.

MUSCHEL-VASE

Bei diesem Muschelgefäß lässt sich kaum sagen, ob es erst gestern oder in früherer Zeit entstanden ist. Im 19. Jahrhundert waren Muschelarbeiten sehr beliebt. Gerade Amateure fertigten die ausgefallensten Objekte an, etwa kleine Bilder oder extravagante Grotten. Das Interesse an der küstennahen Natur war damals groß – auch Bilder von Meerespflanzen standen hoch im Kurs. Es war die Zeit, als Naturforscher die Welt bereisten und exotische Gewürze aus den entlegensten Regionen heimbrachten; die Wissenschaft inspirierte damals das Kunsthandwerk.

Viele Leute hüten eine über viele Jahre gewachsene Muschelsammlung. Aber ein Objekt wie dieses verlangt viele gleiche Exemplare. Zum Glück kann man Muscheln auch kaufen, etwa bei Hobbyfachhändlern, die sie in der Regel von lizensierten Lieferanten erhalten. Denn schließlich soll nicht durch unkontrolliertes Sammeln eine gefährdete Art dezimiert werden. Für unser Objekt brauchen Sie Geduld, Fingerfertigkeit und eine sorgsam ausgewählte Vase. Obwohl die Form durch die Muscheln verändert wird, sollte sie nicht zu unförmig sein. Die hier verwendete Keramikvase hat fließende Konturen, die bei der Aufteilung des Muschelmusters helfen. Vielleicht möchten Sie die Vase auch mit Muschelkerzen kombinieren (siehe Seite 84), um ein Abendessen im Garten zu beleuchten?

Links und oben: Sie benötigen viele zarte Kaurimuscheln. Die Schönheit dieser Vase entsteht durch die Wiederholungen in der Musterung, was einen Rhythmus ergibt, der an Meereswogen erinnert.

MATERIAL für die Vase

- Muscheln in Schwarz und Weiß (innen violett) und Kaurimuscheln
- frostsicherer Fliesenkleber (Pulverkleber)
- Plastikschale
- Palettmesser
- Keramikvase, ca. 25 cm hoch
- kleiner Pinsel
- Tuch

MATERIAL für die Muschelkerzen

- offene (Venus-)Muscheln, Ø mindestens 10 cm
- Küchenpapier
- Backblech
- Knetmasse
- 3 weiße und 3 Bienenwachskerzen
- altes Messer, alter Löffel und Kochtopf
- Kännchen und Untertasse
- Lineal
- Schere

1

DIE MUSCHELVASE ANFERTIGEN

2

1 Rühren Sie den Fliesenkleber mit wenig Wasser zu einer festen Paste an. Streichen Sie etwas davon auf einen kleinen Bereich der Vase und auch auf die Rückseite einiger Kaurimuscheln. Orientieren Sie sich an der Vasenform, wenn Sie die Muscheln auf die Vase setzen.

2 Bringen Sie Reihe für Reihe dieser Muschelsorte auf, bis der Rumpf der Vase bedeckt ist. Arbeiten Sie äußerst sorgfältig; tragen Sie gerade so viel Kleber auf, dass er die Muschel hält, ohne zu viel von ihr zu verdecken.

3 Umrahmen Sie die mit Kaurimuscheln bedeckte Fläche oben und unten mit je einer Reihe kleiner schwarzer Muscheln. Eine weitere Reihe bringen Sie einige Zentimeter darunter am Fuß der Vase auf.

4 Füllen Sie den verbliebenen Raum auf dem unteren Abschnitt der Vase mit den weiß-violetten Muscheln. Das violette Innere soll sichtbar sein. Streichen Sie den Kleber wieder auf die Vase und die Muschelrückseite.

5 Setzen Sie größere schwarze Muscheln, alle mit der Spiralmitte nach oben zeigend, um den Hals der Vase. Es folgt eine Reihe der weiß-violetten Muscheln, mit der violetten Innenseite nach oben. Hier am Vasenhals müssen Sie den Kleber besonders dick auftragen, damit alles gut hält.
Lassen Sie das Ganze etwas antrocknen, bevor Sie den überschüssigen Kleber rund um die Muscheln mit einem feuchten Pinsel entfernen. Ist der Kleber härter, polieren Sie mit einem feuchten Tuch jegliche Kleberspuren von den Muscheln.

MUSCHEL-KERZEN

DIE MUSCHELKERZEN HERSTELLEN

1 Reinigen Sie die Muscheln innen und außen mit Küchenpapier. Bringen Sie etwas Knetmasse auf der Unterseite der Muscheln auf und setzen Sie diese auf ein Backblech. Platzieren Sie sie so, dass sie nicht umkippen und, was noch wichtiger ist, die Öffnungen waagerecht liegen.

2 Zerteilen Sie die Kerzen mit dem Messer, aber nicht in zu kurze Stücke, da Sie die Dochte brauchen. Geben Sie Wasser in einen Kochtopf und legen Sie die Kerzen in einem Kännchen ins Wasserbad (niemals direkt auf den Herd!). Lassen Sie das Wachs schmelzen.

3 Fischen Sie die Dochte heraus und legen Sie sie auf eine Untertasse. Schneiden Sie sie in Stücke, die ca. 1 cm länger als die Muscheln hoch sind. Löffeln Sie das flüssige Wachs vorsichtig in die erste Muschel, bis ca. 5 mm unterhalb des Randes.

4 Bevor das Wachs ganz fest wird, setzen Sie in die Muschelmitte einen Docht, der ca. 1,5 cm aus dem Wachs herausragt. Füllen Sie nacheinander die übrigen Muscheln und lassen Sie das Wachs dann gut aushärten. Da es dabei schrumpft, müssen Sie die Mulden danach mit flüssigem Wachs auffüllen.

DRAHT-
ÜBERTÖPFE

Draht, ein wundervolles Arbeitsmaterial, ist in vielen Farben und Stärken erhältlich und daher ideal für dekoratives Kunsthandwerk geeignet. Es gab eine Zeit, in der viele Gartenobjekte aus üppig verflochtenem Draht gefertigt wurden, zum Beispiel die begehrten Blumenständer und Hängekörbe des 19. Jahrhunderts; damals erlebte das dekorative Drahtwerk eine Blütezeit. Unser schöner Drahtübertopf ist eine Hommage an diese Epoche.

Wenn Sie viel mit Draht arbeiten, werden Sie langsam verstehen, dass manches, was zunächst nach reiner Dekoration aussieht, doch eine praktische Funktion innerhalb des Designs erfüllt. Bei diesem Modell wurde ein kunststoffummantelter grüner Draht eingesetzt. Stellen Sie helle Töpfe hinein, kommen die Drahtornamente besonders gut zur Geltung.

Rechts: Dieser aus Schlaufen gebildete Fuß hält den Topf etwas vom Untergrund entfernt, sodass überschüssiges Wasser leicht abfließen kann.

Oben und links: In solchen Drahtübertöpfen sehen kleine Kräutertöpfe besonders hübsch aus. Stellen Sie sie möglichst nah an der Tür zum Garten auf.

MATERIAL

heller Terrakottatopf, Ø ca. 18 cm, ca. 17 cm hoch
kunststoffummantelter grüner Gartendraht, Ø 1,5 mm
kunststoffummantelter grüner Gartendraht, Ø 0,7 mm
Maßband
Seitenschneider
gebogene Spitzzange
Pappkern aus einer Küchenpapierrolle oder Holzstab, Ø ca. 3 cm

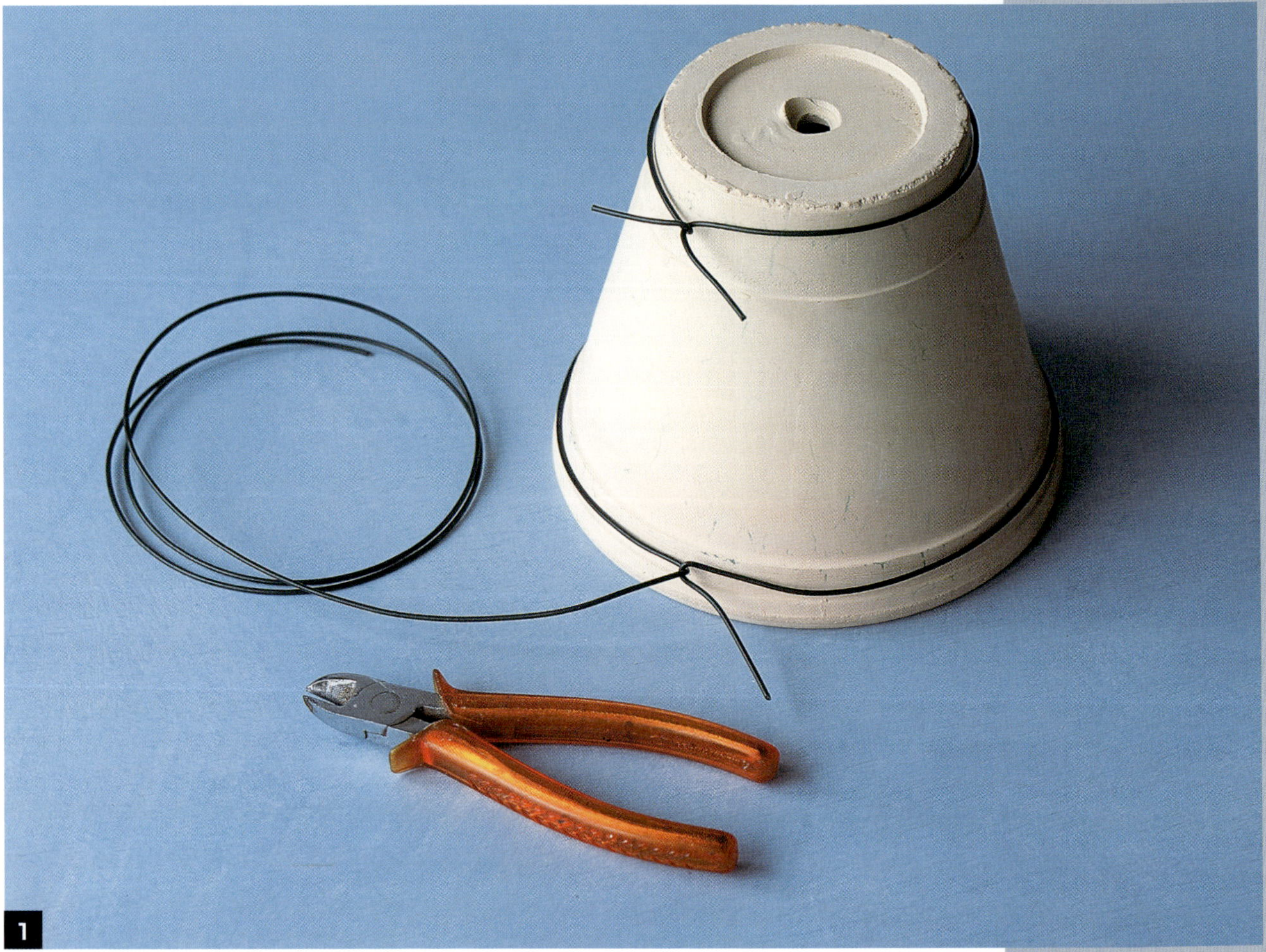

1

DIE DRAHTÜBERTÖPFE FORMEN

1 Drehen Sie den Topf um. Schneiden Sie für je einen Ring am oberen und unteren Topfrand vom dickeren Draht zwei Stücke ab; sie sollen locker sitzen. Geben Sie ca. 3 cm an den Enden zu, die Sie verdrillen und dann sauber um die Ringe winden.

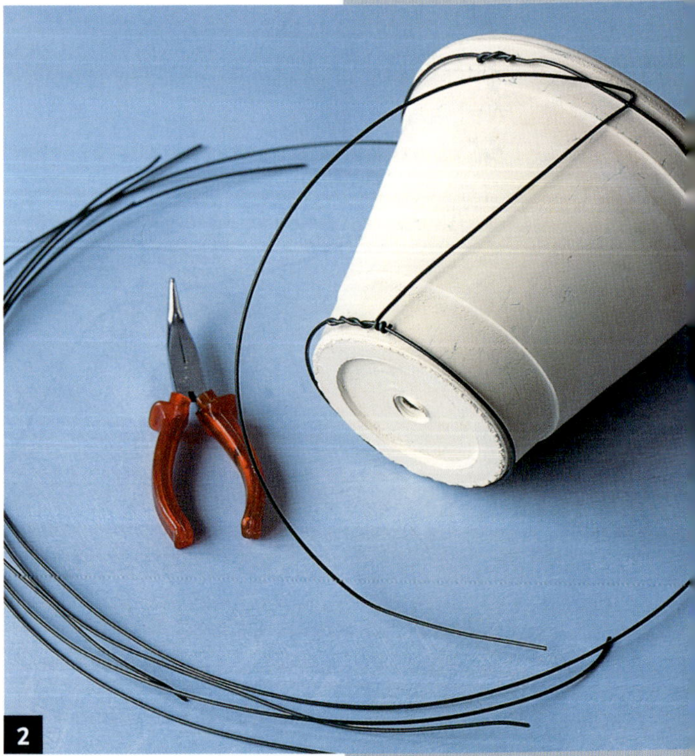

2

2 Schneiden Sie, ebenfalls vom dickeren Draht, sechs 65 cm lange Stücke ab. Das Ende des ersten Drahtstücks winden Sie zweimal um den unteren Ring, Überstehendes schneiden Sie ab. Führen Sie den Draht dann schräg nach oben und schlingen ihn zweimal um den oberen Ring.

3

3 Entfernen Sie den Topf. Nun formen Sie mit dem Drahtstück zwei nach oben weisende, ca. 4 cm breite Bögen am oberen Ring; nach jedem Bogen fixieren sie den Draht mit zwei Windungen.

4 Führen Sie danach das Drahtende schräg nach unten, sodass es den aufsteigenden Draht kreuzt, und befestigen Sie es ca. 5 cm neben dem Anfangspunkt am unteren Ring.

4

5

5 Wiederholen Sie diese Arbeitsschritte mit den fünf übrigen Drahtstücken. Prüfen und korrigieren Sie das Gebilde immer wieder per Augenmaß, damit es schön gleichmäßig geformt ist und der Topf gut hineinpasst. Überschüssige Drahtenden schneiden Sie mit dem Seitenschneider ab.

6 Winden Sie ca. 1 m vom dickeren Draht dicht um den Pappkern einer Küchenpapierrolle oder einen Holzstock. So entstehen die Schlingen für den Fuß des Übertopfs.

7 Entfernen Sie den Kern und drücken Sie die Spirale zu nebeneinander liegenden Schlingen flach. Sie benötigen ca. 13 Schlingen, begrenzt von ca. 2 cm langen geraden Enden.

8

8 Mit dem dünneren Draht binden Sie nun den Schlingenfuß an den Übertopf; die geraden Enden legen Sie dabei gut an. Am Schluss ziehen Sie die Enden des dünneren Drahtes gut fest und schneiden Überstehendes ab.

Rechts: Den fertigen Übertopf können Sie jetzt noch zurechtbiegen, bis er rundherum gleichmäßig aussieht und dicht am Topf anliegt.

BECHER-
WINDLICHTER

Zu den schönsten Sommerfreuden gehört es – wenn es das Wetter erlaubt –, draußen zu essen und sich dort zu vergnügen. Dazu gibt es nach Sonnenuntergang nichts Heimeligeres und Beruhigenderes als flackernde Windlichter, die als Gruppe arrangiert auf dem Tisch stehen oder wie einzelne Lichtinseln rundherum im Garten verteilt sind. Kerzen, die an einem Sommerabend im Freien aufgestellt werden, brauchen Schutz vor dem kleinsten Windhauch. Früher wurden einfach Marmeladengläser für diesen Zweck benutzt, doch aufgrund des wachsenden Interesses an der Lebenskultur im Freien gibt es inzwischen die vielfältigsten gläsernen Windlichter zu kaufen.
Die hier benutzten mattierten, grün gemusterten Windlichter haben den Vorteil, dass Sie einen Rand besitzen – was es viel leichter macht, einen verdrillten Draht als Tragebügel anzubringen. Die Länge des Bügels erlaubt es, die Windlichter sogar an einem Ast oder an einer Pergola aufzuhängen.

Links: Sommerliche Windlichter können rund um den Garten verteilt, wie eine Laterne an einen Ast gehängt, auf einer Mauer aufgereiht oder wie hier auf einem Drahttisch gruppiert werden, wo sie ihr heiter-romantisches Licht verbreiten.

MATERIAL

2 Schwämmchen
Glasbecher-Windlichter mit Rand, Ø ca. 8,5 cm, ca. 11 cm hoch
Schraubstock
verzinkter Draht, Ø 1,25 mm
Maßband
Seitenschneider
farbiger Draht, Ø 0,5 mm
Drillbohrer
verzinkter Draht zum Binden, Ø 1 mm
dicke grüne Glasperlen, Lochgröße mindestens 5 mm
gebogene Spitzzange
passende dicke Kerzen

1

DIE BECHERWINDLICHTER ANFERTIGEN

1 Legen Sie zum Schutz zwei Schwämmchen beidseitig an das Glas und spannen Sie es damit extrem vorsichtig in den Schraubstock ein. Schneiden Sie vom dickeren Draht für jedes Windlicht zwei 1,1 m lange Stücke ab. Winden Sie das erste mit gleich langen Enden einmal unterhalb des Randes um das Glas. Dort, wo sich die Drähte am Glas treffen, binden Sie ein 60 cm langes Stück farbigen Draht an. Verdrillen Sie die drei Drähte einmal im Uhrzeigersinn.

2

2 Spannen Sie die drei Drahtenden parallel in den Drillbohrer ein. Dann verdrillen Sie sie langsam, bis die richtige Spannung erreicht ist. Dabei ziehen Sie den Draht straff, damit er sich gleichmäßig windet.

3 Schlingen Sie nun das zweite dicke Drahtstück von der anderen Seite her einmal um das Glas und verdrillen Sie es ebenfalls wie beschrieben mit farbigem Draht. Bringen Sie beide Drähte auf dieselbe Länge. Binden Sie sie ca. 20 cm unterhalb der Enden mit dem dünnen Draht zusammen und stecken Sie die Glasperle auf.

Unten: Auch Duftkerzen können von diesen sommerlichen Windlichtern vor der Abendbrise geschützt werden. Mit Zitrusdüften lassen sich gut die Mücken vertreiben.

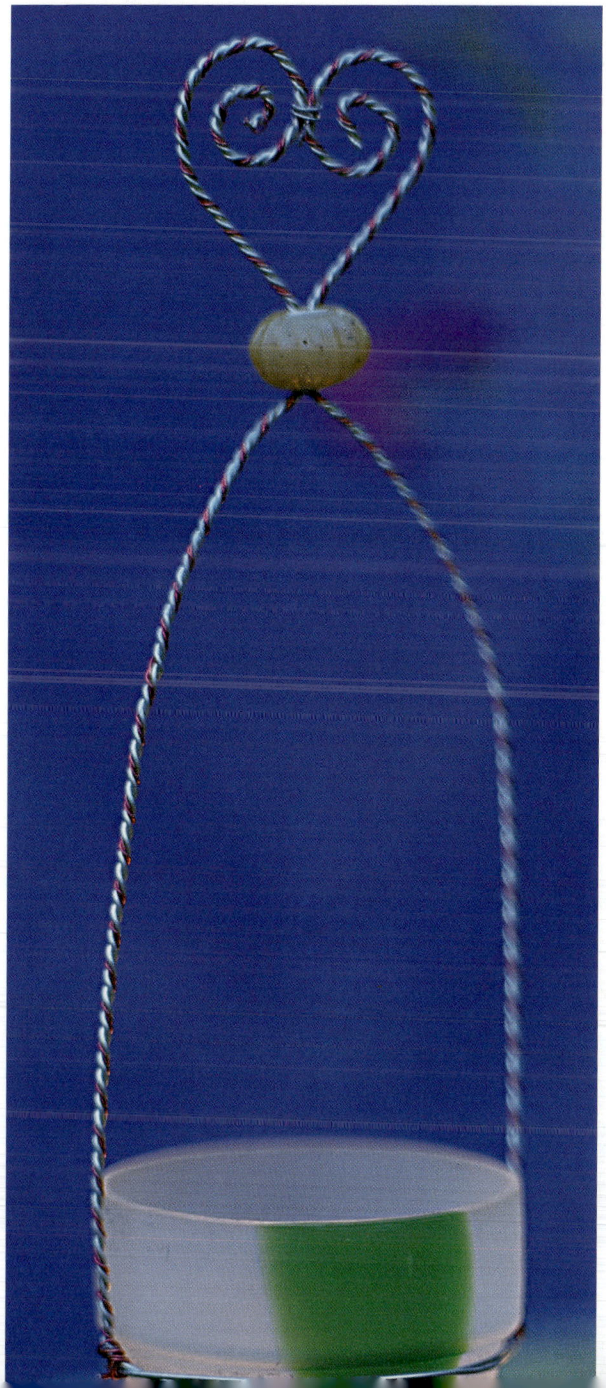

4 Biegen Sie beide Enden mit der Spitzzange zu Spiralen, entweder nach innen gedreht zu einer Herzform oder nach außen gedreht zu Schnörkeln. Bei der Herzform binden Sie die Drähte an der Berührungsstelle mit dem dünnem Draht zusammen. Nun können Sie die Kerze im Glas platzieren.

ALPHABET-
KIESEL

Viele Menschen sammeln interessante Steine aller Art, wenn Sie unterwegs sind – ob im Urlaub am Meer oder beim Wandern im Gebirge. Manchmal sind einzelne Steine Erinnerungstücke an bestimmte Orte und Momente, manchmal werden sie aber auch einfach nur zur Dekoration im Garten verstreut.
Als Anziehungspunkt im Garten kann eine Sammlung verschiedenfarbiger Steine dienen, die dauerhaft auf einem Gartentisch ausgebreitet liegen. Werden sie mit elegant geformten Buchstaben bemalt, lassen sich daraus die verschiedensten Wörter formen – ein Gartenspiel mit Fortsetzungen, das Erwachsene und Kinder gleichermaßen anregt und amüsiert. Die Buchstaben dieses Modells wurden mit Wasserfarbe aufgebracht und erhielten dann einen wetterfesten Lacküberzug. Wenn Sie jedoch gleich (ölhaltige) Lackfarbe verwenden, ist keine Nachbehand lung gegen die Wettereinflüsse mehr erforderlich.

MATERIAL

Buchstabenschablonen (siehe 1. Arbeitsschritt)
Schere
große Sammlung glatter Kieselsteine in verschiedenen Größen
Bleistift
Gouachefarbe in Weiß und Schwarz
Untertasse
feiner Haarpinsel
Radiergummi
wetterfester matter Klarlack
Pinsel zum Lackieren

Links und rechts: Haben Sie genügend Alphabetkiesel angefertigt, können sie kleine Nachrichten oder Geburtstagsgrüße legen, bevor Ihre Gäste eintreffen. Platzieren Sie die Kiesel auf einem Gartentisch oder auf einem niedrigen Mäuerchen.

DIE BUCHSTABEN-KIESEL BEMALEN

1 Übertragen Sie ein Alphabet aus einem Buch in der gewünschten Größe auf Papier oder drucken Sie eines per Computer aus. Schneiden Sie die Buchstaben aus und übertragen Sie die Umrisse auf die Steine.

2 Verdünnen Sie die Gouachefarbe mit ein wenig Wasser und malen Sie die Buchstaben sorgfältig aus. Verwenden Sie weiße Farbe für dunkle Steine und schwarze Farbe für helle.

3

3 Lassen Sie die Farbe gründlich trocknen, bevor Sie – natürlich vor dem Lackieren – noch sichtbare Bleistiftlinien vorsichtig wegradieren.

4

4 Überstreichen Sie die Steine am besten mit zwei bis drei Klarlackschichten, damit die Buchstaben wetterfest sind. Jeder Anstrich muss zunächst gründlich trocknen, bevor der nächste erfolgt.

BUGHOLZ-
TOR

Weiden und Haselsträucher waren schon immer etwas Besonderes im Garten. Sie sollten alle sechs Jahre gekappt oder beschnitten werden, damit neue gerade Zweige aus den Ästen wachsen können. Das Holz ist vielfältig nutzbar: für Bohnenstangen im Gemüsebeet, für Zaunpfosten, Spaliergitter, Bögen und Lauben sowie für Gartenmöbel. Weide und Hasel gehören zu den anpassungsfähigsten, flexibelsten Hölzern. Schneiden Sie sie im späten Winter aus Hecken oder Wäldchen, bevor der Pflanzensaft ganz hochgestiegen ist. Die dünnen Ruten sind enorm biegsam und lassen sich zu schönen Bögen formen. Diese Technik wurde bei der Konstruktion unseres robusten Gartentores ausgiebig genutzt. Die Kurven verleihen solch einem einfachen rustikalen Tor eine unerwartete Eleganz und Symmetrie. So wird Ihr Garteneingang zu etwas ganz Besonderem.

Links und rechts: Die eleganten Bögen dieses Hasel-Bugholztores geben Ihrem Landhausgarten eine gewisse Raffinesse. Die hier angegebenen Maße wandeln Sie bei Bedarf ab, um das Tor an Ihren Eingangsbereich anzupassen.

MATERIAL

2 kräftige Weiden- oder Haseläste für die senkrechten Stützen, Ø ca. 5 cm, ca. 90 cm lang
3 Weiden- oder Haseläste für die waagerechten Streben, Ø ca. 4 cm, ca. 60 cm lang
Maßband
Astsäge
(Akku-)Bohrmaschine mit 2,5-mm- und 4,5-mm-Bohrer
4 Schrauben, 100 mm lang
Schraubenzieher
11 Weiden- oder Haselruten, ca. 3 m lang
verzinkte Nägel, 65 mm lang
Hammer
Gartenschere

1

2

DAS BUGHOLZTOR BAUEN

1 Sägen Sie die zwei Äste für die senkrechten Stützen auf 90 cm Länge ab. Die drei Äste für die waagerechten Streben bringen Sie auf eine Länge von 60 cm. Eventuell müssen Sie sie beim Zusammenbau nochmals etwas anpassen.

2 Probieren Sie, wie die fünf Äste gut zusammenpassen, denn Holz als lebendiges Material ist ja oft krumm. Haben Sie sich entschieden, bohren Sie zuerst 4,5-mm-Löcher an den Verbindungsstellen vor und schrauben dann die obere und untere waagerechte Strebe an die dicken Stützen. Diese sollten oben und unten 5 cm überstehen. Die mittlere Strebe macht den Rahmen komplett.

3 Biegen Sie die längste Rute vorsichtig zu einem Bogen. Am besten stellen Sie sich auf ein Ende und gehen darauf bis zur Mitte, wobei Sie das andere Ende zu sich heranziehen. Verfahren Sie mit der anderen Hälfte ebenso. Ist die Rute biegsam genug, nageln Sie sie vorn an eine der beiden senkrechten Stützen. Bohren Sie zunächst 2,5-mm-Löcher vor; fünf Nägel, in gleichmäßigen Abständen, dürften reichen. Führen Sie die Rute in einem großzügigen Bogen über das Tor und befestigen Sie das andere Ende wie beschrieben an der zweiten Stütze.

3

4

4 Biegen Sie zwei weitere Ruten in der beschriebenen Weise vor. Nageln Sie zuerst eine Rute mit dem schmalen Ende innen neben die erste Rute an eine der senkrechten Stützen. Biegen Sie sie dann in enger Kurve zur Mitte und über die waagerechten Streben nach unten. Nageln Sie sie fest. Bringen Sie die übrige Rute wie beschrieben daneben an.

5 Drehen Sie das Tor um und biegen Sie vier weitere Ruten vor. Kürzen Sie zwei davon so, dass sie als Halbkreise ober- und unterhalb der waagerechten Mittelstrebe angebracht werden können. Oben und unten stoßen sie an die beiden Rahmenstreben. Nageln Sie die Ruten an die Streben und Stützen. Verdoppeln Sie die beiden Halbkreise mit den anderen beiden Ruten, die innen entlanglaufen und daher ein wenig kürzer sein müssen als die äußeren. Nageln Sie sie ebenfalls fest, ohne dabei an die Nägel der inneren Ruten zu stoßen.

6 Aus zwei weiteren gebogenen Ruten formen Sie zwei Bögen. Diese liegen auf dem Rahmen, laufen von den Ecken aus zur Mitte und berühren sich dort gegengleich. Nageln Sie sie fest und schneiden Sie dann erst die Enden mit der Gartenschere passend zurück.

7 Verdoppeln Sie diese beiden Bögen mit den letzten beiden Ruten. Nach dem Festnageln und Beschneiden der Enden ergibt sich ein schönes symmetrisches Ornament.

Rechts: Dieses rustikale Tor bringt einen Hauch Landleben in jeden noch so städtischen Garten.

Tipp: Bohren Sie vor dem Nageln stets Löcher vor, dann splittert das Holz nicht. Die Torangeln schrauben Sie an stabile Haselpfosten. Seien Sie vorsichtig beim Biegen der Ruten – die Enden können einem leicht ins Gesicht schnalzen.

GEFLOCHTENE
STAUDENSTÜTZE

Einige mehrjährige Stauden können zeitweise sehr unordentlich aussehen; die gößeren Triebe fallen gern auseinander, verlieren ihre Form und begraben andere, oft zartere Pflanzen im Umfeld unter sich. Inzwischen haben sich Gartenliebhaber manches einfallen lassen, um mit dem Problem fertig zu werden. Meist werden Stützstäbe verwendet, deren oft unansehnliche Formen erst mit dem Wuchs der Stauden verdeckt werden. Unser kuppelförmiges Gerüst jedoch kann nicht nur die Pflanze im Wachstum stützen, sondern schaut schon zu Beginn der Gartensaison fröhlich aus dem Beet heraus, wenn die Pflanzen im Umfeld noch gar nicht sprießen.

Die hier gezeigte Stütze ist ziemlich groß; für ein kleineres Modell schneiden Sie die Haselruten einfach kürzer zu und verringern den Durchmesser der Kuppel. Kleine Modelle halten übrigens zuverlässig die Kaninchen vom Salat fern.

Links und rechts:
Diese geflochtenen Staudenstützen sind selbst eine Zierde des Gartens; vor allem im kahlen Wintergarten freuen wir uns über diesen willkommenen Blickfang.

MATERIAL

4 frisch geschnittene Hasel- oder Weidenruten, Ø ca. 1,5 cm, ca. 1,2 m lang
Maßband
Astschere
12 dünne flexible Haselruten, ca. 1,5 m lang (oben von den dickeren Ruten abschneiden)
Gartenbindedraht

1 Nach dem Zuschneiden machen Sie zuerst die vier dickeren Ruten biegsam. Am besten stellen Sie sich dazu auf ein Ende und biegen das andere zu sich hin – langsam und vorsichtig, damit die Rute nicht zerbricht. Stecken Sie dann zwei Ruten in Bogenform rechtwinkelig gekreuzt ca. 6 cm tief in den weichen Boden.

2 Stecken Sie darüber die anderen beiden Rutenbögen ein; alle vier Bögen kreuzen sich oben in der Mitte. Die Stütze soll aus acht gleich breiten Sektoren bestehen.

3 Biegen Sie nun die dünnen Ruten vor und flechten Sie drei bis vier von ihnen unten in die Stützstäbe als Band ein. Die Enden stecken Sie nach innen. Weniger weiche Ruten können auch in zwei Richtungen geflochten werden: Sie flechten dabei zuerst das dicke Ende über mehrere Sektoren in die eine und dann das dünnere Ende in die andere Richtung.

4 Im Abstand von ca. 7,5 cm flechten Sie ein weiteres Band ein. Die Enden stecken Sie wieder ordentlich nach innen. Wenn nötig, können Sie die Enden jetzt mit ein wenig Gartenbindedraht fixieren, damit sie sich nicht lösen.

5 Lassen Sie wiederum einen Abstand von ca. 7,5 cm und flechten Sie die übrigen dünnen Ruten ein; das Band fällt hier oben natürlich kleiner aus.

HENKEL-
KORB

Dieser nach einem französischen Design entworfene einfache, aber praktische Korb kann sehr vielfältig genutzt werden: zum Gemüseernten, Blumenpflücken und um kleinere Utensilien wie Werkzeug, Samentütchen, Handschuhe, Bindeschnur und Gartenscheren aufzubewahren oder von einer Stelle im Garten zur anderen zu tragen. Dieses Objekt ist sehr preiswert, denn die Bugholzhenkel sind einfache Weiden- oder Haselruten aus dem Garten oder Wald, und der Korb ist Teil einer Wein- oder Apfelkiste. Fragen Sie am besten einen freundlichen Wein- oder Gemüsehändler, ob er Kisten übrig hat. Eine Kiste reicht auf jeden Fall für einen Korb aus. Sollten Sie das Glück gehabt haben, mehrere zu bekommen, und haben Sie den ersten Korb bereits erfolgreich gebaut, könnten Sie eine kleine Serie aus drei verschieden großen anfertigen, die sich ineinander stapeln lassen.

MATERIAL

hölzerne Wein-/Obstkiste
oder Bretter, 8 mm stark,
150 x 17 cm und 38 x 18 cm
Bleistift
Lineal
Handsäge
Klebeband
Stahlnägel, Ø 1 mm, 25 mm lang
Hammer
mittelgrobes Schmirgelpapier
Filzstift
2 frisch geschnittene Weiden-
oder Haselruten, Ø ca. 1,5 cm,
ca. 1 m lang
Handbohrer mit 2-mm-Bohrer
verzinkte Rundkopfnägel, Ø 2 mm,
35 mm lang
Gartenschere
Holzschutzfarbe in Hellblau
Pinsel

Links und rechts: Ob Sie ihn zum Ernten selbst angebauter Produkte nutzen oder Gartenutensilien darin aufbewahren – dieser einfache Holzkorb macht sich bald unersetzlich.

1

DEN HENKELKORB BAUEN

1 Zeichnen Sie die zwei langen trapezförmigen Seitenwände auf den 17 cm breiten Kistenbrettern oder dem gekauften Brett ein; die Oberkanten sind jeweils 47 cm, die Unterkanten je 36 cm lang. Die beiden schmalen Seitenwände sind oben 25 cm und unten 16 cm breit. Das Bodenrechteck soll 38 x 18 cm groß sein. Sägen Sie die fünf Teile aus dem Holz aus.

2

2 Fixieren Sie die vier Seitenwände zunächst mit Klebeband. Zum Ausrichten stellen Sie sie auf die Bodenplatte.

3

3 Nageln sie die Seitenwände zusammen, ca. 5 mm von den Kanten entfernt und mit vier Nägeln pro Kante. Prüfen Sie von innen, ob die Nägel im richtigen Winkel eingeschlagen sind, damit sie das Ganze gut halten und nicht herausschauen.

4

4 Schleifen Sie den Korb mit Schmirgelpapier ab, vor allem an den Kanten. Die Unterkanten sollen so eben wie möglich werden.

5

5 Drehen Sie den Korb mit der Unterseite nach oben und nageln Sie den Boden fest. Alle vier Seiten sollen gleichmäßig überstehen.

6

6 Markieren Sie die Längsseiten außen in der Mitte. Legen Sie die zwei Weiden- oder Haselruten so nebeneinander, dass je ein dickes neben einem dünnen Ende liegt. Halten Sie das Paar senkrecht an die Mitte einer Seitenwand und bohren Sie für jede Rute oben und unten je ein Loch vor, ca. 2 cm von Ober- und Unterkante entfernt und am besten ein wenig in der Höhe versetzt.

7

8

7 Hämmern Sie vier der dickeren Nägel von außen ein; an der Innenseite schlagen Sie überstehende Nagelspitzen flach zur Seite.

8 Biegen Sie den Henkel vorsichtig rund und zur anderen Korbseite. Er soll ca. 10 cm über die Unterkante hinausragen. Kürzen Sie ihn mit der Gartenschere. Dann bohren Sie die Löcher vor und nageln die Henkelenden fest.

9

9 Streichen Sie den Korb zweimal mit Holzschutzfarbe; lassen Sie jeden Anstrich gut trocknen.

Tipp: Der Henkel aus gebogenem Holz ist robust, doch ein farbloser Holzschutzlack festigt ihn zusätzlich und verlängert die Lebensdauer.

WEIBLICHE VOGELSCHEUCHE

Diese durchaus freundlich blickende elegante Vogelscheuche ist die Attraktion Ihres Gartens – lockt sie doch den Blick in seine Tiefe. Es gibt überhaupt keinen Grund, warum eine Vogelscheuche schrecklich aussehen muss. Plündernde Vögel werden weder von einem fürchterlichen Gesichtsausdruck abgeschreckt noch von einer zerzausten Erscheinung. Was ihnen Angst macht, ist die Nähe eines Menschen – deshalb ist die Gesamtform wichtig – und, mehr noch, eine unerwartete Bewegung. Dies wurde bei diesem Modell dadurch erreicht, dass die flächig bemalte Oberfläche der Figur mit glitzernder, reflektierender Metallfolie dekoriert wurde. Sie ist leicht zu verarbeiten, hält äußerst lange und behält ihren Glanz. Die Grundform der Vogelscheuche wird aus wetterfest verleimtem Außensperrholz ausgesägt. Wenn Sie die farbige Bemalung mit mehreren Schichten Klarlack schützen, bleibt Ihnen die Figur sehr lange erhalten; die Aluminiumfolie benötigt keinen weiteren Schutz.

Oben: Verwenden Sie obige Zeichnung für Ihre Schablone. Vergrößern Sie sie auf ein großes Stück Papier; gut eignen sich zum Beispiel einige zusammengeklebte Zeitungsseiten oder der Rest einer Tapetenrolle.

MATERIAL

Papierschablone (siehe 1. Arbeitsschritt)
Schere
Außensperrholz, 12 mm stark, ca. 122 x 65 cm
Kreppband
Filzstift
Stichsäge
mittelgrobes Schmirgelpapier
Holzgrundierung in Weiß
Pinsel
Bleistift
Lineal
Acrylfabe in Braun, Lila und Gelbgrün
Haarpinsel
wasserfester dicker Lackstift
wetterfester Klarlack

Für die Foliendekoration

Aluminiumfolie, ca. 100 x 30 cm
Lineal
Schere
gezacktes Kopierrädchen
Zackenschere
ca. 60 Polsternägel
Hammer

Oben: Das Metalldekor am Kleid der Vogelscheuche reflektiert das Sonnenlicht und hält dadurch plündernde Vögel auf Abstand.

DIE VOGELSCHEUCHE GESTALTEN

1 Übertragen Sie den Umriss der vorigen Seite in gewünschter Größe auf Papier und schneiden Sie die Form aus. Unser Modell ist 1,22 m hoch und passt gut auf ein Stück Sperrholz in Standardmaßen. Kleben Sie die Schablone mit Kreppband auf das Holz und umfahren Sie die Umrisse mit Filzstift.

2 Sägen Sie die Figur langsam und vorsichtig mit der Stichsäge aus. Beachten Sie dabei die üblichen Sicherheitsvorkehrungen beim Umgang mit solchen Elektrogeräten.

3 Die Schnittkanten schleifen Sie von beiden Seiten kräftig mit Schmirgelpapier rund. Schleifen Sie die übrigen Flächen nur leicht an.

4 Tragen Sie zwei Schichten der weißen Holzgrundierung auf beide Seiten und auf die Kanten auf; lassen Sie den ersten Anstrich vor dem nächsten Arbeitsschritt jedoch erst gut trocknen. Zeichnen Sie dann mit dem Bleistift das Kleid mit seinen Mustern darauf. Orientieren Sie sich einfach an dem Foto auf Seite 115. Die Streifen des Rocks lassen sich am besten mithilfe eines Lineals ausmessen und aufzeichnen.

5

6

6 Bemalen Sie den Oberkörper und die Streifen des Rocks mit zwei Schichten lila Acrylfarbe.

5 Malen Sie Haare, Krone und Stiefel mit brauner Acrylfarbe aus. Lassen Sie die Farbe gut trocknen und tragen Sie eine zweite Farbschicht auf, damit die Farbe gut deckt.

7

7 Tragen Sie nun die gelbgrüne Farbe auf. Mit dem schwarzen Lackstift zeichnen Sie die Finger und das Gesicht ein – am besten zuerst mit Bleistift, wobei Sie sich an der Vorlage auf Seite 115 orientieren. Zum Schluss überstreichen Sie die Vogelscheuche beidseitig in drei Schichten mit schützendem wetterfestem Klarlack.

DIE FOLIENDEKORATION ANFERTIGEN

8 Schneiden Sie von der Folie in der gesamten Breite drei 2 cm dicke Streifen ab. Dies werden die waagerechten Zierstreifen am Oberteil. Legen Sie sie auf eine weichere Unterlage, zum Beispiel auf ein Telefonbuch, und rädeln Sie fest mit dem Kopierrädchen entlang den Längskanten darüber. Nach dem Wenden sehen Sie die Noppenreihen auf der Vorderseite. Schneiden Sie die Streifen auf eine Länge von 6, 9 und 14 cm zurück.

8

9

9 Für die schrägen Bordüren am Oberteil schneiden Sie zwei 3 cm breite und 30 cm lange Alufolienstreifen zu. Beschneiden Sie die Längskanten mit der Zackenschere und rädeln Sie zwei parallele Noppenlinien mit dem Kopierrädchen darauf. Die zwei geschwungenen Streifen für den Rock fertigen Sie ebenso an, doch schneiden Sie sie gleich mit der Zackenschere 4 cm breit zu; außerdem rädeln Sie vier statt zwei Noppenreihen darauf. Die richtige Kurvenkrümmung für die Streifen ermitteln Sie anhand Ihrer bemalten Vogelscheuche.

10 Schneiden Sie zwei 8 cm hohe Manschetten aus Alufolie zu, die etwas breiter sind als die unteren Ärmelabschnitte. Legen Sie sie auf die entsprechenden Stellen und knicken Sie sie an den Seitenkanten nach unten, um zu markieren, wo Sie sie abschneiden müssen. Die jeweils 5 cm breiten Gürtel- und Kragenstreifen und die 4 cm breite Bordüre für den Rocksaum stellen Sie genauso her. Das schräge Karomuster aller vier Teile entsteht wieder mit dem Kopierrädchen.

11 Die Krone schneiden Sie anhand der Schablone aus. Verzieren Sie sie mit dem Kopierrädchen zuerst an allen Kanten, dann ziehen Sie unten eine Doppellinie und von dort aus je eine bis zu den Zackenspitzen.

12 Nageln Sie zunächst die drei kurzen Bordüren mit je einem mittig gesetzten Polsternagel ans Oberteil, danach befestigen Sie den Kragen an den vier Ecken.

13 Die Manschetten nageln Sie ebenfalls an den vier Ecken auf das Holz. Befestigen Sie nun die langen Oberteilbordüren, setzen Sie dabei jeweils einen Nagel auf die Schultern und auf die Enden der waagerechten Bordüren. Die unteren Enden bleiben noch frei. Bringen Sie die Rockstreifen mit fünf Nägeln in gleichmäßigen Abständen an. Dann fixieren Sie den Gürtel, den Rocksaum und die Krone. Zum Schluss schlagen Sie als Verschlüsse einfach je drei Nägel entlang den Außenkonturen in die Stiefel.

Rechts: Diese nahezu königliche Vogelscheuche wacht aufmerksam über die Gemüseecke. Das Foliendekor, vor allem die metallisch glänzende Krone, lässt sie ungewöhnlich prächtig aussehen.

SCHABLONIERTER
TABLETTTISCH

Links und unten: Das Schablonieren gehört zu den effektvollsten und unaufwändigsten Dekortechniken. Hier entstand mithilfe einiger gepresster Farnwedel ein ungewöhnliches, aber praktisches Möbelstück für den Garten.

Die Inspiration zu diesem praktischen Tisch scheint direkt aus dem Garten zu kommen. Ein schlichtes Holztablett wurde einfach auf ein Tischchen in passender Größe geleimt. Das Sammeln von Farnen war übrigens im 19. Jahrhundert in Mode. Und so entwickelte sich auch die Idee, dieses eindrucksvolle Blattwerk zum Schablonieren zu verwenden – eine spannende und lohnende Technik, die Sie sicher dazu ermutigt, auch andere Möbelstücke ähnlich zu dekorieren. Sie brauchen sich nicht an die hier gewählten herbstlichen Naturfarben zu halten, obwohl sie natürlich gut in den Garten passen. Im Grunde ist jede Farbkombination denkbar, sofern sie im Hell-Dunkel-Kontrast die grafischen Qualitäten der Blätter zur Geltung bringt.

MATERIAL

Holztablett mit schrägem Rand, ca. 50 x 40 cm
kleiner Tisch (die Platte soll nur wenig größer sein als das Tablett)
Holzgrundierung (wenn das Holz unbehandelt ist)
Pinsel
Holzlack in Vanillegelb
Sprühlack in Zinnoberrot, Braun (gebrannte Siena) und Gelb
Kreppband
Schere
Sammlung gepresster Farnwedel
Sprühkleber
Holzleim

DEN SCHABLONIERTEN TABLETTTISCH HERSTELLEN

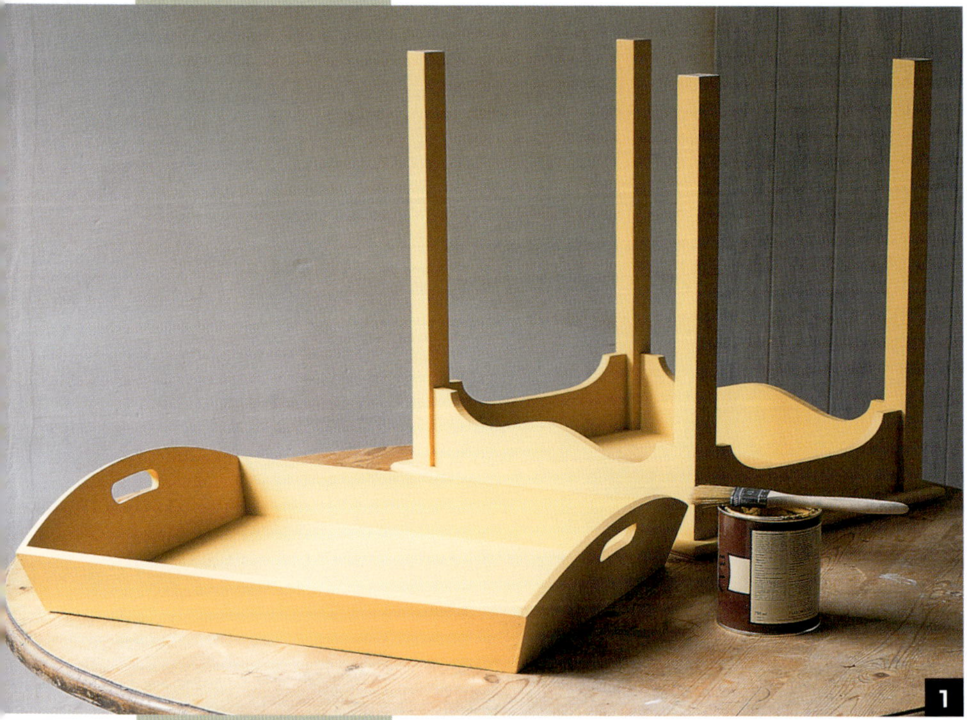

1

1 Ist das Holz unbehandelt, grundieren Sie zunächst alle Tablett- und Tischflächen – bis auf die Tablettunterseite und die Mitte der Tischplatte – mit einer Holzgrundierung. Danach streichen Sie diese Flächen zweimal mit dem vanillegelben Holzlack; nach jedem Anstrich lassen Sie die Farbe gründlich trocknen.

2 Sprühen Sie ganz vorsichtig zinnoberrote Farbe über die Flächen. Drücken Sie das Ventil dabei nur leicht herunter, damit ein ganz sparsamer Sprenkeleffekt mit wenig Farbe entsteht. Lassen Sie die Farbe trocknen.

2

3

3 Bringen Sie dann auf dieselbe Weise braune Farbe auf. Nach dem Trocknen sprühen Sie Gelb auf, diesmal aber mit etwas mehr Farbe. Den Tisch dekorieren Sie genauso, zum Schluss sprühen Sie jedoch nochmals braune Sprenkel darüber.

4 Kleben Sie zum Schutz vor dem nächsten Farbauftrag die oberen Tablettränder und die Grifflöcher mit Kreppband ab. Schneiden Sie das Band zuvor auf die passende Breite.

Tipp: Zum Pressen legen Sie den Farn sorgfältig zwischen die Seiten eines dicken Buches (ein Telefonbuch ist ideal, weil das Papier leicht saugfähig ist). Beschweren Sie es mit weiteren Büchern, um die Wedel flach zu drücken. Nach einer Woche sollten sie ausreichend gepresst sein.

5 Lassen Sie sich Zeit, wenn Sie die Farnwedel als Flächenmuster auf dem Tablett arrangieren. Sind Sie zufrieden, sprühen Sie sie der Reihe nach von hinten mit Sprühkleber ein und drücken sie wieder fest an ihren Platz. Für den Innenrand nehmen Sie kleine Wedel.

6

7

6 Übersprühen Sie nun die gesamte Innenfläche mit brauner Farbe, diesmal mit einer Mischung aus ganz feinem Sprühnebel und Sprenkeln. Die Oberfläche soll strukturiert aussehen. Dann drehen Sie das Tablett herum. Auf den Außenrand kleben Sie ebenfalls Farnwedel als Schablonen auf. Übersprühen Sie den Rand auf dieselbe Weise.

7 Wenn die Farbe getrocknet ist, ziehen Sie die Farnwedel-Schablonen vorsichtig vom Tablett ab – sie geben die ursprüngliche gelbe Farbe des Untergrunds wieder frei. Heben Sie den Farn auf, Sie können ihn weiter verwenden.

8 Nach dem Abziehen des Kreppbandes erhalten Sie klar abgegrenzte Kanten.

9 Verstreichen Sie Holzleim gleichmäßig auf der Tischplatte, aber nicht zu nah am Rand.

10 Drücken Sie das Tablett sorgfältig auf die Platte und beschweren Sie es, bis der Leim fest ist. Auch wenn Sie den Tisch mit Klarlack wetterfest machen, bewahren Sie ihn bei schlechtem Wetter lieber im Haus auf.

DANKSAGUNG

Ganz besonderer Dank gilt Heini Schneebeli für seine Sorgfalt und Aufmerksamkeit, die er den Details beim Gestalten der wunderschönen Fotos gewidmet hat. Viel Dank gebührt meinen Freunden Jill Patchett und Alan Du Monceau, Daniela Zimmerman und Jeremy Menuhin, Anthea Sieveking und Alan Stewart sowie Nan Farquharson, die uns ihre herrlichen Gärten für Aufnahmen zur Verfügung gestellt haben. Ein besonderes Dankeschön geht an meine Lektorin Gillian Haslam, die alles viel leichter erscheinen ließ, als es tatsächlich war; an Cindy Richards bei Cico für ihr Verständnis, ihre Hilfe und ihre Ermutigung; und schließlich an Georgina Harris für ihren Humor und ihre Professionalität, als ich mich dem Ende dieses langen Projektes näherte.